KB142803

당신의 사랑은 지금 행복한가요?

AI TO TAMERAI NO TETSUGAKU

Copyright ⓒ 2018 by Ichiro KISHIMI

All rights reserved.

First original Japanese edition published by PHP Institute, Inc. Japan.

Korean translation rights arranged with PHP Institute, Inc. Japan. through

CREEK&RIVER Co., Ltd. and Eric Yang Agency, Inc.

Korean translation copyright ⓒ 2019 by KPI Publishing Group

이 책의 한국어판 저작권은 EYA(Eric Yang Agency)를 통해

저작권사와 독점계약한 KPI출판그룹이 소유합니다.

저작권법에 의하여 한국 내에서 보호를 받는 저작물이므로

무단 전재와 복제를 금합니다.

기시미 이치로의 사랑과 망설임의 철학

당신의 사랑은 지금 행복한가요?

오근영 옮김

책읽는수요일
Books
on Wednesday

만약 어떤 여성이 꽃을 좋아한다고 말하면서도

그녀가 꽃에 물 주기를 잊고 있다는 사실을 알았다면

우리는 꽃에 대한 그녀의 '사랑'을 믿을 수 없을 것이다.

사랑이란 사랑하는 대상의 생명과 성장을 적극적으로 배려하는 일이다.

적극적인 배려가 없는 곳에 사랑은 없다.

_ 에리히 프롬, 『사랑한다는 것』 중에서

내가 사람을 사랑하는 이유가 있다면

그것은 내가 언젠가는 죽기 때문이다!

_ 기시미 이치로

◆

사람은 누구나 사랑에
관심이 있습니다

나는 오랫동안 심리학과 철학을 연구하고 학생들을
가르쳐왔습니다. 그 짧지 않은 시간 동안 꼭 지키는 수업 원칙이
있습니다. '일방적으로 강의하지 않기'입니다. 수업의 주제가
무엇이든 학생들이 궁금해 하는 사항이나 관심사를 최대한
반영하려고 노력합니다. 그래서 수업 첫날엔 항상 교탁 위에
작은 상자를 놓아둡니다. 질문이나 요구사항을 쓴 종이를 넣을
수 있도록 하기 위해서입니다. 그렇게 종이에 쓰인 질문들에
답하는 것으로 나는 강의를 시작합니다.

몇 해 전 예비 간호사들과 함께한 수업이었습니다. 질문은
여러 갈래에 걸쳐 있었습니다. 간호사가 적성에 맞지 않는 것

같습니다, 아픈 사람을 대할 때 주의해야 할 점은 무엇입니까,
간호학과 학생이라면 품을 법한 의문에서부터 '성격'이나
'친구관계'에 관한 내용까지 다양했습니다. 어김없이 '연애'에
대한 질문도 있었습니다. 질문을 읽는 것만으로도 학생들의 눈과
귀는 번쩍하고 쫑긋했습니다.

　나는 곧 사회에 첫발을 내딛게 될 학생들에게 일과 관련된
전문적인 능력만큼이나 동료, 가족, 연인, 친구 등 사람들과 좋은
관계를 구축하는 능력이 중요하다고 생각합니다. 그래서 이런
질문엔 더욱 신경을 써 상세하게 대답합니다.

　연애라고 해서 다른 인간관계와 다르지 않습니다. 연애에
대해 생각하다 보면 가족과의 관계를 어떻게 풀면 좋을지,
친구와의 관계를 어떻게 쌓아나가면 좋을지, 직장 상사와
동료와의 관계는 어떻게 형성하면 좋을지 배울 수 있습니다.

　이렇듯 질문에 답을 하다 보면 오스트리아의 정신과 의사이자
심리학자인 알프레드 아들러의 에피소드가 종종 떠오릅니다.

　아들러는 만년에 활동 거점을 미국으로 옮겼습니다. 처음
얼마 동안은 거의 일이 없었지만, 이윽고 하루에도 여러 번
강연을 하게 되었습니다. 그런데 아들러 역시 강연에서 연애
상담을 자주 받았다고 합니다. 당시 아들러의 나이가 예순을

넘겼다는 걸 감안하면 신기한 일입니다. 아마 현재 남아 있는 아들러의 사진 속 인상과는 달리 그가 웃으면서 이야기하는 사람이었기 때문이 아닐까 생각합니다. 엄격하고 무서운 노교수였다면 아마 연애 상담을 청하진 않았을 겁니다.

나도 학생들의 질문에 최대한 친절하게 대답하려 노력합니다. 난처하고 어려운 질문을 해오는 학생도 있습니다. 예를 들면 "지금 사귀고 있는 사람과 어떻게 하면 헤어질 수 있습니까?" 같은 질문입니다. 그래도 당사자는 지금 얼마나 힘들까, 심정을 헤아리며 젊은 날을 회상하면서 성의껏 대답합니다.

연애에 실패하고 상처를 받았을 때, 사람들은 대개 이런 패턴을 보입니다. 친한 친구에게 털어놓습니다. 혼자 끙끙 앓습니다. 사랑과 이별을 다룬 TV 드라마나 영화를 봅니다. 연애 관련 서적을 읽습니다.

얼핏 보면 다양한 것 같지만, 모두가 직면한 문제에서 벗어날 실마리를 찾으려고 한다는 공통점이 있습니다. 학생들이 내게 상담하는 것도 마찬가지입니다. 아들러는 『개인심리학 강의』에서 다음과 같이 말합니다.

"사랑과 결혼을 어떻게 준비해야 하는지 가르쳐주는 책은 어디에 있을까. 사실 사랑과 결혼을 다루는 책은 수없이 많다. 문학에도 연애를 다루는 이야기가 수없이 많다. 그러나 행복한 결혼을 다루는 책을 만날 기회는 거의 없다."

아들러가 지적하듯이 영화나 TV 드라마, 소설은 "복잡하고 어려운 상황에 처한 남성과 여성에 대한 이야기"가 거의 전부라고 해도 좋을 정도입니다. 그렇다면 사람들은 왜 불행한 러브스토리를 좋아할까요? 아들러는 『왜 신경증에 걸릴까』에서 대답합니다.

"불행한 러브 스토리가 수없이 많은 것은 어쩌면 독자가 그것을 이용하기를 원하기 때문이다."

독자가 '이용'한다는 것은 대체 어떤 의미일까요? 연애나 결혼을 기피하는 사람이 있습니다. 연애는 좋아하는 사람에게 마음을 고백한다고 해서, 내가 그를 좋아하는 것과 비슷한 정도로 그가 나를 좋아한다는 것을 알았다고 해서, 저절로 행복한 상태에 이르지 않습니다. 설령 서로의 마음을 확인하고 사귀기 시작했다고 해도, 어떤 사안에 대한 생각이나 느낌 등이 서로 어긋나기도 하고, 어느 한쪽이 혹은 두 사람이 다른

사람에게 관심이 옮겨가는 일이 생기면 처음의 정열은 금세
식어버립니다. 그러면 연애는 기쁨보다 고통을 가져옵니다.

독자가 "불행한 러브 스토리를 이용한다"고 아들러가 말하는
것은 사랑이나 결혼에 대해 소극적인 자신을 정당화하기 위해
이용한다는 의미입니다. 연애를 피하기 위해서 연애를 좋지 않은
것으로 간주하는 것입니다.

그런 사람은 『이솝 우화』에 나오는 늑대와도 같은
사람입니다.

배가 고픈 늑대가 높은 가지에 매달린 포도송이를 발견하고
따려고 했습니다. 그러나 포도가 너무 높은 곳에 있어서 그럴
수 없었습니다. 결국 포기한 늑대는 그 자리를 떠나면서 이렇게
혼잣말을 했습니다.

"저 포도는 아직 안 익었을 거야."

반대로 현실과 동떨어진 신데렐라 스토리에 탐닉하기도
합니다. 아들러의 표현대로라면 "로맨틱하고 이상적인, 혹은
손에 넣을 수 없는 사랑"을 만들어내는 것입니다. 이 역시
마찬가지입니다. 판타지가 지금 내가 사랑하지 않는 이유, 지금
그를 선택하지 않는 이유가 되어주는 것입니다.

여기서 중요한 한 가지가 있습니다. 이 사람은 정말로

사랑이 싫어서 피하려는 것은 아니라는 점입니다. 세상에
태어나면서부터 사람을 사랑하지 않겠다고 결심한 사람은
없습니다. 호되게 아픈 경험을 하고서 뜨겁게 데이고 깊이
사무쳐서 앞으로는 그 누구도 좋아하지 않겠다고 결심한
것입니다.

결혼을 결심하는 것은 이 사람과 함께라면 행복해질 수
있다는 믿음 때문입니다. 설사 몇 년 뒤에 그 결심이 틀렸다는
것을 깨닫더라도 결혼을 결심한 순간은 행복을 꿈꿉니다. 이
사람과 결혼하면 무조건 불행할 게 틀림없어, 라고 생각하면서
결혼하려는 사람은 없습니다.

우리는 사랑 안에서 기쁘고 사람 곁에서 행복합니다. 아무리
쓰라린 경험을 하고 두 번 다시 누군가를 좋아하지 않겠다고
결심하지만, 시간이 지나고 정신을 차려보면 우리는 또
누군가를 좋아하고 있습니다. 그건 우리 안 깊숙이 사랑이 있기
때문입니다. 그것 외에 달리 무엇이라 설명할까요.

이 책은 아들러의 표현을 조금 비틀어서 말하면 "행복한 러브
스토리"입니다. 많은 사람들이 어떤 관계가 이상적인 관계인지
선명하게 그리지 못하고 있는 것 같습니다. 좋은 관계에 대한
뚜렷한 이미지를 갖고 있다면 그 이미지에 다가가기 위해 노력할

수 있습니다.

관계가 원만하지 않은 것이 상대 혹은 자신에게 문제가 있었기 때문이라고 생각하는 사람도 있을 것입니다. 이것은 절반은 맞고 절반은 틀린 생각입니다. 문제는 누구를 사랑하는가가 아니고 어떻게 사랑하는가, 그 방법에 있기 때문입니다.

먼저 문제의 소재가 어디에 있는지를 밝혀야만 합니다. 그 문제가 무엇인지 몰라 상대가 바뀌어도 똑같은 실수를 몇 번이고 되풀이하는 사람이 적지 않으니까요. 그래서 상대를 실망시키고 그렇게 조금씩 자신감이 사라지니까요.

연애는 상대만 있으면 되는 단순한 것이 아닙니다. 관계를 지속시키려면 노력이 필요합니다. 하지만 이 노력은 고된 것이라기보다는 즐거운 것이라 할 수 있겠습니다. 두 사람의 관계를 좋은 방향으로 이끌어가기 위한 노력이니까요. 기쁨을 위한 노력입니다.

우리는 누구나 사랑하고 사랑받길 원합니다. 사랑으로 행복하길 바랍니다. 그리고 누구나 사랑하고 사랑받을 수 있습니다.

누구를 만나고 누구를 사랑할지보다 어떻게 사랑할지를

고민해야 한다는 의미에서 나는 사랑은 '기술의 문제'라고
생각합니다. 좋아하는 감정은 연애의 출발점에 불과합니다.
연애는 감정의 문제가 아니라 관계의 문제입니다.

연애에서 어떤 의미로든 좌절한 적이 없는 사람은 아마 이
책을 읽는 일이 없을 겁니다. 한 번쯤 좌절을 했어도 충분히
자신감이 있는 사람은 책 읽기보다는 다음 연애를 시도할
것입니다.

그래서 나는 연애에서 괴로움을 느꼈던 사람, 같은 괴로움을
또다시 맛볼까봐 두려운 사람, 그리고 바로 지금 연애 상대나
배우자와의 관계에서 괴로움을 느끼는 사람을 위해 이 책을
썼습니다.

그리고 당연한 말이지만 연애는 젊은 사람들만의 특권이
아닙니다. 오랫동안 함께 생활하고 있는 사이라고 해서 연애의
즐거움을 과거의 한 번뿐인 에피소드로 만들어서는 안 됩니다.
책 속에서 젊은 사람뿐 아니라 모든 연령대의 사람들이 지금보다
좋은 사랑을 만들어가는 힌트를 발견했으면 합니다.

차례

2부

결혼은 불행의
시작일지도 모릅니다

3부

**사람을
사랑한다는 것은**

4부

행복해지기 위해 알아야 할
사랑의 기술

1부

서툴고 힘든 연애, 무엇이 문제일까?

...

호감이 가는 사람이 있어도 그 마음을 전달하지 못한다. 용기를 짜내 고백해보지만 상대의 반응은 내가 원했던 것이 아니다. 사귀기 시작은 했지만 시간이 지나면서 행복한 감정은 사라진다. 자주 싸우고 괴롭다. 날이 갈수록 관계가 나빠진다. 지친다. 헝클어진 관계를 풀 힘이 없다. 결국 헤어진다.

이런 경험을 하고 나면 다시는 사랑 따위 하지 않겠다고 결심하게 됩니다. 그런데 신기하게도 다시는 사랑 따위 하지 않겠다고 정말 굳게 결심했건만, 시간이 흐르면, 그래서 어느 날 문득 정신을 차리고 보면, 내 옆엔 새로운 사람이 있고, 그러다가 다시 그 사람하고도 삐걱거리다 또 헤어집니다. 그리고 또 누군가 정말 좋은 사람인 것 같은데, 그런 사람이 다가오더라도 다시 마음을 열고 사랑을 시작하길 주저합니다. 잦은 헤어짐 때문에, 모든 것이 내 탓처럼 여겨져 이번만은 헤어지지 않겠다고 애를 써보지만 그럴수록 고통은 커져만 갑니다. 1부에서는 왜 이토록 똑같은 상처와 이별이 반복되는지, 좋아하는 사람이 생기면 행복해야 하는데 왜 행복하지 못하는지, 어떤 문제 때문에 그런 것인지 살펴보겠습니다.

(

왜 친구 사이보다
연인 사이가 더 힘든 걸까요?

)

누군가를 좋아하게 된 것뿐인데, 마치 어제까지와는 전혀 다른 세계에서 사는 것 같습니다. 바로 얼마 전에 죽고 싶을 정도로 쓰라린 실연을 겪었다는 사실조차 까맣게 잊습니다. 하루 종일 좋아하는 사람만 생각납니다. 허구한 날 그렇게 붙어 다니던 친구와의 연락도 뜸해집니다. 휴일이면 좋아하는 사람을 만나 데이트를 합니다. 특별합니다. 마법입니다.

하지만 연인 관계라고 해서 다른 관계와 특별하게 다른 것은 아닙니다. 마법 같은 관계란 없습니다. 기본적으로 모든 인간관계는 비슷합니다. 사랑하는 사이에서 일어나는 어려움은 사람 사이에 따르는 어려움과 겹칠 때가 많습니다.

　　나는 밖에 나가지 않는 날은 오로지 집에 틀어박혀 책이나 잡지 원고를 쓰는데, 그러는 동안은 줄곧 아무와도 이야기하지 않고 컴퓨터와 마주하고 지냅니다. 하지만 책을 출판하려면 편집자나 출판사 사람들과 만나야 합니다. 서로 의견을 주고받고 일의 진행을 도모해야 합니다. 세상에는 오로지 혼자서 할 수 있는 일은 없습니다.

　　대인관계가 귀찮고 번거롭다는 생각이 들 때도 있습니다. 그래도 일에 있어서의 관계는 일단 직장을 벗어나면 이튿날 출근 전까지는 생각하지 않고 지낼 수 있습니다. 집에 돌아온 뒤에도 낮의 일을 생각하면서 우울해지고 개인적인 생활에까지 그 우울함이 영향을 끼쳐서는 곤란합니다. 'private'이라는 영어 단어는 라틴어 'privare'가 어원으로 그 의미는 '빼앗다'입니다. 빼앗지 않으면 자신만의 평화롭고 달콤한 시간을 확보할 수 없습니다.

　　업무나 어떤 공동의 관심에 머물지 않고 개인적인 이야기를 하게 되는 사이도 있습니다. 바로 친구입니다. 이런 관계는 업무관계가 아닙니다. 교우관계입니다. 이 둘을 엄밀하게 구분하기 어려운 경우도 있습니다. 친해지고 싶다고 생각되는

동료가 있을 수도 있으니까요. 일체감이나 연대감을 중요하게
여기는 직장에서도 그럴 수 있겠습니다.

이 책의 테마인 연애와 결혼 역시 기본적으로는 이
교우관계가 바탕입니다. 연애나 결혼을 둘러싸고 일어나는
문제는 교우관계에서 일어나는 문제와 비슷합니다. 그래서
교우관계를 제대로 구축하지 못하는 사람에게는 연애나 결혼도
어렵습니다. 게다가 사랑의 관계는 여타의 관계들보다 훨씬 더
밀접하고 오래 지속되기 때문에 더 어려울 수밖에 없습니다.

업무 같으면 직장을 나서면서 마음먹고 일단 머릿속에서
지울 수 있습니다. 친구라고 해도 만날 때마다 반드시 다음에
만날 약속을 하고 헤어지는 일은 없을 것입니다. 이렇듯 사랑의
관계는 여타의 관계보다 깊은 밀접함과 지속성 때문에, 관계가
틀어졌을 때 다른 관계보다 회복이 더 어려운 것입니다. 사랑은
누구에게나 어렵습니다!

(오직 두 사람이라는 게
힘들어요)

연애관계가 다른 관계보다 어려운 것은 그것이 오직 두 사람의 과제이기 때문입니다. 아들러는 그렇게 고찰하고 있습니다.

"우리는 혼자서 달성할 수 있는 과제와 여럿이 함께 달성해야 하는 과제에 대해서는 교육을 받아왔지만, 둘이서 수행하는 과제에 대해서는 아무 것도 배워오지 않았습니다."

사람들은 가정이나 학교에서 어떻게 처신해야 할지에 대해서 부모나 교사가 가르쳐야 한다고 생각합니다. 그런데 연애만은

당신의 사랑은 지금 행복한가요?

특별히 가르칠 필요도 배울 필요도 없다고 생각하는 사람이
많습니다. 연애는 개인적인 것이라 여기기 때문입니다.

　이렇듯 연애에 대해서는 가르치거나 배우지 않아도
된다고 여기는 사람은 사랑이란 '빠지는' 것이라고 생각하는
사람입니다. 그러나 만약 연애가 돌이 언덕길을 굴러 내리듯
자연적인 것이라면, 사랑은 감정에 맡겨두면 저절로 될 것이고
고민하거나 괴로워하는 일 따위는 없어야 합니다. 설사 사랑이
'빠지는' 것이라고 해도, '빠지는' 사건은 관계가 시작되는
계기에 불과합니다. 관계를 유지하기 위해서는 감정만으로는
부족합니다. 사랑은 감정의 문제가 아니라 마음의 문제입니다.

(연애를 시작하면 다른 데
신경을 쓰지 못합니다!)

연애가 인생의 전부라고 생각하고 소위 '연애에 올인'하며,
다른 그 무엇에도 신경을 쓰지 않는 사람들도 있습니다. 일명
'연예폐인'입니다. 이런 분들에게 들려주고 싶은 두 가지
이야기가 있습니다.

첫 번째 이야기는 오래된 편지 이야기입니다. 와츠지
데츠로(和辻哲郎)라는 철학자는 유학 중에 아내 데루(照)와
편지로 사랑을 나눴습니다. 그가 유럽에 유학한 것은 20세기
초였습니다. 실시간으로 메일을 주고받는 지금 시대에는 상상할
수 없는 일일지도 모르지만, 당시는 편지도 배편으로 오갈

때입니다. 와츠지가 보낸 편지가 아내에게 배달되려면 한 달
이상이 걸렸습니다. 그래도 와츠지는 매일 아내에게 편지를
보냈습니다. 아내에게 배달된 편지는 말하자면 과거에서 온
편지입니다. 당연히 두 사람은 멀리 떨어져 생활하고 있다는
것을 의식했을 테지만 그들이 나눈 편지에는 바로 지금 대화를
나누는 것과 똑같은 기쁨이 넘쳐나고 있습니다.

멀리 떨어져 생활하면 연락이 소원해지는 등 관계가 좋지
않은 방향으로 흘러가는 경우가 많지만, 와츠지의 이 에피소드만
보더라도 두 사람을 둘러싼 환경이 어렵다고 사랑이 불가한 것은
아닙니다.

자, 이 이야기를 뒤집어 생각해봅시다. 연애가 다른 인생의
과제보다도 우선시되어 다른 과제에 집중력이 소홀해지는
경우가 있다면, 그것은 사랑 이외의 과제를 소홀히 하고 있다는
데 대한 변명으로 연애를 이용하고 있을 뿐입니다.

두 번째 이야기는 더 오래된 이야기입니다. 좋은 배우자라는
의미에서 사용하는 'better half'라는 말이 있습니다. 이 말은
플라톤의 『향연』 중에서 희극작가 아리스토파네스가 말하는
다음과 같은 이야기에서 유래하고 있습니다.

옛날 인간은 두 사람이 서로 등을 맞대고 붙어 있는 모습이었습니다. 손과 발은 네 개, 얼굴은 앞뒤로 두 개, 눈은 네 개, 입이 두 개라는 식입니다.

이렇게 등이 붙어 있는 인간은 힘이 강한 데다가 신들에게 복종하지 않는 일도 있었기 때문에 제우스는 벌을 주기 위해 인간을 둘로 나눠버렸습니다. 아리스토파네스는 이렇게 나누어진 자신의 반쪽을 찾아 일체성을 회복하려는 것이 바로 사랑이라고 생각한 것입니다. 그러나 반쪽을 찾아낸 두 사람은 일체성을 회복하더니 옛날의 상태 그대로 서로 등을 맞대고 떨어지려 하지 않고 먹고 자는 것도 잊은 채 일도 하지 않고 그대로 죽어가는 일이 생겼습니다. 그래서 제우스는 그때까지는 등에 붙어 있던 생식기를 떼어 서로 껴안았을 때 직접 닿는 면으로 옮기기로 했습니다.

그리고 두 사람이 껴안았을 때 아이가 생기도록 함으로써 결합의 만족감을 가질 수 있게 한 것입니다. 이러한 제우스의 배려에 의해 드디어 인간은 떨어져서 다른 일을 할 수 있었습니다.

자나 깨나 좋아하는 사람만 생각하고 밥 먹는 것도 잊는 등의 상황을 사랑의 진수라고 생각하는 사람도 있겠지만, 사랑의 기쁨에 빠져 있을 때조차 나날의 생활은 계속되어야 합니다.

제우스의 배려를 잊으면 곤란합니다.

(나도 나를 좋아하지 않는데
누가 날 좋아하겠어요?)

커플을 부러워하는 그와 그녀들과 상담할 때 가장 많이 받는 질문입니다.

어떻게 하면 멋진 상대를 만날 수 있을까요?
좋아하는 사람에게 어떻게 고백하면 좋을까요?

그런데 이상한 것은 이들이 실제로는 누군가를 좋아하거나 사귀는 걸 망설이고 두려워하는 경향이 있다는 사실입니다.
누군가에게 늘 신경이 쓰이고 잊으려고 애를 써도 어느새 그 사람 생각만 하고 있는 자신을 깨닫게 되는 때가 찾아옵니다.

'사랑에 빠진 것'입니다. 이런 식으로 말하려니까 마치 '길을 걷다가 구덩이에 빠진 것' 같습니다.

여기서부터는 간단치가 않습니다. 호감을 갖게 된 사람에게 자신의 마음을 고백하고 사귈 수 있다면 얼마나 행복할까 싶지만 사실은 그게 그렇게 쉽게 되는 일이 아닙니다.

좋아하는 사람에게 주저 없이 다가가 말을 걸 수 있는 사람 같으면 고민하지도 않을 것입니다. 하지만 고백을 해도 상대가 받아들여줄 리 없다고 생각하는 사람은 자신의 마음을 전하는 것을 주저합니다. 이런 사람들은 고백도 하지 못합니다. 차일 게 빤하다며 행동에 옮기기도 전에 포기해버리는 것입니다.

고백을 망설이는 이유는 자신의 마음을 받아들여주지 않았을 때 그 일로 자신이 상처 입는 것을 두려워하기 때문입니다. 아들러는 다음과 같이 말합니다.

"자기 자신에게 가치가 있다고 생각할 때만 용기를 가질 수 있다."

여기서 용기란 관계 속으로 들어가는 용기를 말합니다. 관계 속으로 들어가는 데 왜 용기가 필요한가 묻는다면 앞에서 살펴봤듯이 자신의 마음을 받아들여줄지 알 수 없고 받아주지 않았을 때 상처받을 가능성이 있기 때문입니다.

그래서 자신의 마음을 전하지 않는 것을 스스로 합리화할 수 있도록, 자신에 대해 낮은 평가를 내리는 것입니다. '나도 나를 좋아하지 않는데 그도 날 좋아하지 않을 거야!' 이런 식으로 생각하는 것입니다.

그러나 사람은 관계 속에 머물러야 비로소 살아갈 기쁨도 행복도 느낄 수 있습니다. 자신의 마음을 고백한다고 해서 반드시 거절당할 거라고 단정할 수는 없습니다. 아예 고백 자체를 하지 않으면 거절당할 일도 없고 그로 인해 괴로워하지 않아도 되겠지만, 분명한 것은 아무 말도 하지 않고 있으면 아무 일도 일어나지 않는다는 것입니다!

이젠
손해 보는 연애는
하지 않을 거예요!

우리는 경쟁관계에서 성장해왔습니다. 형제자매와도 경쟁하고 그 경쟁에서 이기려고 합니다. 학교에서도, 나아가 성인이 되어 사회생활을 하면서도 경쟁을 합니다. 아무래도 경쟁에 지는 것이 두렵습니다. 경쟁에 이겨야만 한다는 생각 때문에 연애나 결혼에서도 이겨야 한다고 생각합니다.

어떤 경쟁에서나 늘 이길 거라는 보장은 없습니다. 연애를 하다가 실연할 수도 있습니다. 결혼해서도 결혼생활이 순탄치 않을 수도 있습니다. 이혼을 할 수도 있습니다. 하지만 연애를 두려워하는 사람들은 이렇게 생각합니다. 좋아하는 사람에게 고백을 했다가 거절을 당하면, 좋아하는 사람을 만나 원만하게

사귀고 결혼하고 즐거워하는 주변 사람들에게 패배한 것이라고
말입니다.

그래서 형제자매의 행복한 결혼도 연애와 결혼을 망설이게
합니다. 자신도 다른 부부처럼 행복해질 수 없다면 지게 되는
것이기 때문입니다.

애당초 누군가와 경쟁하기 위해 사람을 좋아하거나 결혼을
하는 건 아닙니다. 그러나 늘 누군가와 경쟁하며 살아온 사람은
사랑과 결혼에서도 이겨야만 한다는 생각 때문에 승산이 없으면
사랑의 관계에 들어서려고 하지 않습니다.

(
어디
100퍼센트 확실한 사람
없나요?
)

"사귀고 있는 사람과 결혼할 수 있을지 점을 봤더니 결혼할
수 없다는 점괘가 나와 충격을 받고 밥도 먹지 못한다"고
젊은 친구가 전화를 걸어온 적이 있습니다. 그녀는 연애는
100퍼센트에서 시작하고 싶다는 것이 지론이었습니다. 상대의
마음이 확실하다는 것을 확실하게 확인받고 나서 연애를
시작하고 싶다는 것입니다.

상대의 마음을 100퍼센트까지는 모른다는 것이 바로 연애가
가진 매력이 아니냐고 말해줘도 진지하게 들으려고 하지 않아
대화가 되지 않았습니다.

상대를 좋아한다는 것, 사랑한다는 것, 그게 어떤 것인지,

그 점에서 상대에게 뭔가를 요구하려는 것인지, 그렇다면
무엇을 요구하는 것인지, 그런 점에 대해서는 생각하려고 하지
않았습니다.

나는 상대에 대한 마음은 결코 고정된 게 아니라 생각합니다.
비유하자면 어딘가에서 멈춰 있다기보다 다가가거나
멀어지거나 하면서 끊임없이 변해가는 것이라 생각합니다.
그러나 그녀는 그렇게 마음이 변하는 것이라면 두 사람의 관계가
앞으로 어떻게 될지 알 수 없으니 불안하다고 말합니다.

나는 먼저 왜 그녀가 결혼할 수 있을지 점을 봤는가를 알고
싶었습니다.

"그 사람이랑 잘 안 되고 있었던 건가?"
"그렇지는 않아요. 좋은 관계라고 생각하고 있습니다."
"그렇다면 군이 점을 보러 갈 필요가 없는 거 아닌가?"
"결혼하고 싶으니까……."

만약 이것이 카운슬링 자리였다면 "그래서 앞으로 어떻게
하고 싶습니까?" 하고 묻고 싶은 심정입니다. 분명 '결혼하고
싶다'는 대답이 돌아올 것입니다. 그녀는 상대와의 관계를 '좋은
관계'라고 말했습니다. 그러나 정말 좋은 관계라면, 이 사람이

말하는 100퍼센트가 계속 유지되고 있다면, 100퍼센트 결혼을
확신하면서 굳이 점을 보러 가지는 않았을 것입니다. 점을 보러
갔다는 것은 실제로는 아마 자신의 마음, 혹은 상대의 마음
나아가서는 두 사람의 마음에 동요가 생겼기 때문일 것입니다.

　여기까지 와서 앞날이 궁금한 나머지 마치 장편소설의 결말을
알고 싶은 것 같은 기분이 들었는지 모릅니다. 나는 그녀가
결말을 알아야 안심하고 책을 읽을 수 있는 사람 같았습니다.
그녀는 결혼할 수 없다는 것이 결말이라면 지금 관계를
유지해봐야 의미가 없다고 생각했을 것입니다.

　나는 그녀에게 이렇게 말해주었습니다.

　"점괘에서 결혼할 수 없다는 걸 알게 되어 다행이야. 만약
점괘에서 그와 결혼할 수 있다고 했으면 그와의 관계를 개선할
노력은 하지 않을 거잖아. 하지만 안 된다는 걸 알았고 그래도
당신이 그와 결혼하고 싶다면 관계를 개선하려고 노력하지
않을까?"

　나는 인생도 앞날의 일을 모르기 때문에 더욱 재미있다고
생각합니다. 이 점에 대해서는 나중에 고찰해보겠습니다. 그리고
꼭 덧붙이고 싶습니다. 이 세상에 100퍼센트는 없습니다. 미래가
100퍼센트 보장된 시작은 없습니다.

(연애나 결혼을 망설이는
몇 가지 이유들)

연애나 결혼을 망설이는 이유는 얼마든지 찾을 수 있습니다.

결론부터 말하자면, 예를 들어, 부모의 결혼이 불행했다는 것을 이유로 내세우는 사람은 부모의 불행한 결혼을 이유로 삼고 싶어 하는 것입니다. 이 외에도 이유는 여러 가지가 있습니다. 질병, 자신 없음, 신경증, 과거에 경험한 큰 사건, 이별의 상처 등등. 이 모든 것들을 연애와 결혼이 원만하지 못한 이유로 이용하고 있는 것입니다.

물론 이런 경험이나 사건들이 전혀 영향을 끼치지 않는다고는 할 수 없습니다. 그러나 같은 사건을 경험한 사람이 모두 관계에서 좌절을 겪는 것은 아닙니다. 연애나 결혼이 순탄치 않은 것은 현재의 관계를 제대로 구축하지 못하기 때문이지, 과거의 경험 때문이 절대로 아닙니다.

과거의 경험을 탓하는 것은 현재 불행의 원인이 자기한테 있는 게 아니라고 주장하고 싶기 때문입니다. 자신에게 책임이 없기에, 나는 패배한 것이 아니라고 생각할 수 있기 때문입니다.

관계를 새로 만들고 싶다면, 관계를 개선하고 싶다면, 과거에서 원인을 찾는 사고방식에서 벗어날 필요가 있습니다.

(사귀고 싶은데
이성을 만날 기회가 없어요)

"제 주변엔 온통 여자뿐이에요."

"제 주변엔 죄다 남자들이죠."

연애를 하려고 해도 이성을 만날 기회가 없다! 이런 고민을
털어놓는 사람들도 의외로 많습니다. 한마디로 참 애석한
상황입니다.

그런데 정말 기회가 없어서 연애를 하지 못하는 걸까요?
여행을 좋아하는 사람이라면 열차나 버스, 비행기 안에서,
여행지에서 누군가를 만날 기회가 있을 것입니다. 출퇴근길이나
등하굣길에 마주치는 사람도 있을 겁니다.

게다가 지금은 전화나 문자, 각종 SNS 서비스를 이용해 실시간으로 멀리 떨어져 있는 사람과도 연락을 주고받을 수 있습니다. 사실 이런 사회가 사랑을 키우기에 과연 좋은 환경인지 여부는 따져봐야겠지만, 이성을 만날 기회가 전혀 없다고 투덜거리는 사람을 쉽게 이해할 수는 없습니다.

이런 사람들은 대개 운명적인 만남을 기다리는 경향이 있습니다. 그런데 운명적인 만남이 없다고 말하는 사람은 사실 자신의 인생을 바꿀 만한 만남이 곁에 있어도 알아차리지 못합니다. 혹은 알고 싶지 않은 것일 수도 있습니다.

왜 만남이 있는데도 없다고 우겨야 하는지는 이렇습니다. 연애가 잘 안 되었을 경우 상처받고 싶지 않은 것이 하나의 이유, 누구나 부러워할 만한 결혼을 하고 싶어서 현실에서 만나는 사람을 결혼 후보자에서 제외하는 것이 또 하나의 이유입니다.

한번은 "이성을 만날 기회가 없는 경우에는 어떻게 하면 좋겠습니까?"라는 여학생의 질문에 이렇게 대답했습니다. "여기, 이 강의실에 남학생들이 있지 않습니까?" 하고 대답하자, 여학생들 사이에서 야유가 일었습니다.

신데렐라 스토리를 동경하는 사람은 현실에서 마주치는

사람을 연애나 결혼 상대 후보자에서 제외하고 싶어 합니다.
연봉이 1억 이상이어야 한다는 것을 결혼 조건으로 생각하는
건 아닙니다. 미치지 못하는 사람을 포기하게 하기 위해 그렇게
생각하는 걸지도 모릅니다. 이들은 '혹시 좋은 상대를 만나게
되면' 하는 가능성 안에 사는 게 낫다고 생각합니다. 역시 현실
속의 선택입니다.

과거의 경험에 원인이 있다고 여기는 사람도, 만남이 없다는
사람도 모두 자신에게는 문제가 없다고 생각하고 싶은 것입니다.
그리고 계속 가정의 세계에서 살고 싶은 것입니다.

(사랑은
능력입니다)

독일의 심리학자 에리히 프롬은 다음과 같이 사람들의 생각이 잘못되었음을 꼬집습니다.

"사랑의 문제란 즉 대상의 문제이지 능력의 문제가 아니다. …… 사랑하는 것은 간단하지만 사랑할 만한 적당한 상대 혹은 사랑받기에 적합한 상대를 찾기는 어렵다. 사람들은 그런 식으로 생각하고 있다."

많은 사람들은 사랑하기는 간단하지만 사랑할 만한 적절한 상대를 찾기는 어렵다고 생각합니다. 그러나 프롬은

『사랑한다는 것』에서 반대로 말합니다. 프롬은 중요한 것은
상대를 발견하는 것이 아니고 상대를 '사랑하는 능력'이라고
힘주어 말합니다.

　연애를 몇 번씩 하지만 순조롭게 지속하지 못하는 사람이
있습니다. 결혼과 이혼을 반복하는 사람도 있습니다. 그런
사람은 사랑하는 사람이 없는 게 아닙니다. 오히려 사랑의
방식이나 능력에 문제가 있다고 볼 수 있습니다.

사랑은
기술입니다

프롬은 나아가 다음과 같은 의문을 제기합니다.

"사랑은 기술일까. 기술이라면 지식과 노력이 필요하다.
아니면 사랑은 하나의 쾌감이고 그것을 경험할지 여부는 운의
문제인 걸까. 운이 좋으면 거기에 '빠지는 것'일까."

만남이 있어도 그리고 사귀는 단계까지 가서도, 또한 결혼을
하고 나서도 관계를 가꾸려는 노력을 하지 않으면 그 관계는
지속되지 않습니다.
사랑은 '능력'의 문제이고 나아가서는 '기술'이라고 프롬은

생각합니다. 그리고 기술이라면 지식과 노력이 필요하다고
말합니다. 그런 의미에서 사랑은 '빠지는 것'이 아니고
'쌓아올리는 것'입니다.

누군가를 사랑하고 있어도 기술이 없으면 그 사랑은
무력합니다. 반대는 위험합니다. 사랑이 없는 기술은
위험합니다.

또한 상대를 미칠 듯이 사랑하고 있어도 사랑하는 방법을
모르면 싸움이 끊이지 않고 상대를 미워하는 지경에까지 이르게
됩니다. 이때 연애는 괴로운 것이 되고, 그 사람은 행복해질
수 없습니다. 이 사랑의 기술이란 결코 잔재주 같은 테크닉은
아닙니다.

철학자 미키 기요시(三木清)가 『인생론 노트』에서
'술책(術策)'이라고 말하는 식의 기술로는 사랑을 성취할 수
없습니다. 그런 '술책'은 사랑을 그 본래의 모습과 멀어지게 할
뿐입니다.

앞으로 우리는 사랑의 능력과 기술에 대해 아주 자세히
살펴볼 것입니다. 여기서는 이 기술이 술책이 아니라는 것만
알아두도록 합시다.

(라이프스타일을
바꿀 용기가 있나요?)

아들러는 사랑을 '라이프스타일'이라는 관점에서 파악합니다.
상대가 바뀌어도 똑같은 실패를 거듭하는 것은 연애 상대의
문제가 아니라, 자신의 라이프스타일에 문제가 있기 때문이라는
견해입니다.

라이프스타일이라는 것은 자신과 타인, 세계에 대한
신념체계를 말합니다. 뭔가 문제가 생겼을 때 '나한테 능력이
있으니까 해결할 수 있다'고 생각하는지 '나는 능력이 없어서
해결할 수 없다'고 생각하는지, 보통 자기 이외의 사람을
볼 때 '내가 빈틈을 보이면 나를 함정에 빠뜨리려는 무서운
사람'이라고 보는지 아니면 '필요가 있으면 나를 도와줄

사람'이라고 보고 있는지, 이런 사고 습관과 세계를 보는 방식을 아들러는 라이프스타일이라고 부릅니다.

일반적으로는 성격이라고도 하는데 거의 비슷한 의미의 말입니다. 그러나 성격이라는 단어를 사용하면 타고나는 것이라 바꾸기 어렵다고 여기는 경향이 짙어 나는 '라이프스타일'이라는 단어를 그대로 사용하겠습니다.

라이프스타일은 타고난 것이 아니고 스스로 선택한 것입니다. 같은 부모에게서 태어나 같은 환경에서 자란 형제의 성격도 같지 않습니다. 형제가 각각 자신의 라이프스타일을 스스로 선택했기 때문이라고밖에 설명할 수가 없습니다. 그래서 라이프스타일은 마음만 먹으면 지금 이 순간에도 바꿀 수 있습니다.

그런데 사람들은 왜 그렇게 하지 않을까요? 새로운 라이프스타일을 선택하면, 이후 무슨 일이 일어날지 예측하기 힘들기 때문입니다.

예를 들면 자신을 잘 아는 사람이 저쪽에서 걸어왔다고 합시다. 모르는 사람은 아닙니다. 아는 사람일 뿐만 아니라 전부터 그 사람에게 호의를 갖고 있어서 언젠가 단둘이 만나면 고백하려고 생각했던 사람입니다. 지금 말을 걸지 않으면 두 번 다시 이런 기회는 없을지 모릅니다. 그 생각을 하자 그 사람이

다가올수록 더 긴장이 됩니다. 그런데 그 사람이 스쳐 지나가는 순간에 눈길을 돌렸습니다. 자신감이 없는 사람이라면 상대가 눈길을 돌리는 것을 보고 그가 자기를 피하는구나, 혹은 나를 싫어하는구나 하고 생각할 것입니다.

상대가 자신을 거절했다고 생각하는 데는 이유가 있습니다. 상대가 자신의 마음을 받아들여줄 리 없다고 지레짐작하기 때문입니다. 설사 사귀게 되더라도 좋은 관계를 쌓을 수 있을지 자신하지 못하기 때문입니다. 그렇게 고백을 포기하면 더 이상 상대와의 관계가 진전하는 일은 없습니다. 괴로운 일이기는 하지만 그 사람과의 관계가 시작되고 나서 원만하게 진행되지 않아 상처를 입는 것보다는 훨씬 낫다고 생각합니다.

그러나 미움을 받고 있다든가 거절당했다는 것은 어디까지나 하나의 해석에 불과합니다. 같은 상황에서 다음과 같이 해석할 수도 있습니다.

'저 사람은 분명히 나한테 호감을 갖고 있기 때문에 나와 눈을 마주치는 것이 부끄러웠던 거야.'

이런 식으로 생각하면 다음에는 그 사람에게 어떻게 접근할지 생각하면 됩니다. 하지만 지금까지 늘 '만약에'라는 가정의 세계를 살아가는 라이프스타일로만 지내왔기 때문에 어떻게 하면 좋을지 알지 못하는 것입니다.

라이프스타일은 바꿀 수 없는 것이 아니고 '바꾸고 싶지
않다'는 것이 본심입니다. 라이프스타일을 바꾸고 지금까지와는
다른 관점으로 대처하면 다음 한 발을 내디딜 수 있습니다. 물론
그것은 미지의 세계로 발을 들여놓는 일입니다. 이를 두려워하여
라이프스타일을 바꾸고 싶지 않다, 바꾸지 않겠다고 생각하는
것입니다.

지금의 라이프스타일이 당신의 연애를 불행하게 한다면
라이프스타일을 바꿀 용기를 내야만 합니다. 라이프스타일을
바꾸지 않겠다는 굳은 결심을 포기할 필요가 있습니다.
그것만으로는 충분치 않습니다. 어떤 라이프스타일로 바꿀지에
대한 이미지까지 분명하게 해야 합니다.

(
최초의
기억

)

카운슬링에서는 과거의 일을 묻는 경우는 별로 없습니다.
과거가 현재를 규정하지는 않기 때문입니다. 다만 지금의
라이프스타일을 알기 위해 최초의 기억을 묻는 경우가 있습니다.
현재에 이르기까지 각자가 갖고 있는 최초의 기억 말입니다.
정확하게 최초의 기억일 필요는 없습니다. 문득 떠오른 것이라면
뭐든 상관없습니다.

단지 '자주 ○○○ 하곤 했다'라는 기억이 아니라, 어느 날 어느
순간 단 한 번뿐인 에피소드일 경우가 더 바람직합니다.

아들러가 『개인심리학 강의』에서 인용하는 인생의
과제해결에서 항상 도피하는 30세 남성의 최초의 기억을 예로

들어 살펴보겠습니다. 인생의 과제란 앞서 살펴본 직업, 교우, 연애에 있어서의 관계를 말합니다.

이 남성은 연애도 하고 결혼도 하고 싶었지만 심한 열등감 때문에 이성에게 다가가기를 주저하고 있었습니다. 그가 말하는 열등감의 증상은 내성적인 성격이라 이야기할 때 얼굴이 빨개진다는 것입니다. 얼굴이 빨개지기 때문에 좋은 인상을 줄 수가 없고 그래서 점점 더 이야기하기가 싫어졌다는 것입니다. 그래서 외출도 하고 싶지 않고 외출하더라도 사람이 많이 모인 자리에서는 입을 다물고 항상 긴장했습니다.

그러나 실제로 그가 '심한 열등감' 때문에 연애나 결혼을 위한 만남에 선뜻 나서지 못했던 것은 아닙니다. 오히려 그는 자신의 심한 열등감을 이유로 내세워 사랑의 과제를 피하고 있었던 것입니다. 내성적이라는 것, 긴장하는 것, 또 얼굴이 빨개지는 것을 연애가 잘 이루어지지 않는 이유로 내세우는 사람은 여성 중에도 많습니다. 그러나 이런 것들이 연애를 못하게 하는 이유는 될 수 없습니다. 처음 만난 여성이 전혀 긴장하지 않고 자신의 생각을 논리적으로 정확하게 거침없이 이야기하면 대개의 남성들은 의아해하기 마련입니다. 오히려 다소 긴장한 태도와 얼굴이 빨개지고 수줍어하고 이야기도 제대로 못하는 모습이 더 호감을 줄 수 있습니다.

연애를 못하는 것은 이런 요소들과는 아무런 관계가
없습니다. 라이프스타일의 문제입니다. 만약 훈련과 치료를 통해
얼굴이 빨개지는 증상이 나아졌다고 해도 정작 라이프스타일을
바꾸지 않으면 연애는 힘들 것입니다.

아들러가 그 남성에게 최초의 기억에 대해 묻자 그는
어머니와 남동생과 함께 쇼핑을 갔을 때의 일을 떠올렸습니다.

"어느 날 어머니가 나랑 동생을 시장에 데리고 갔어요."

이 한마디만 듣고도 다음에 어떤 이야기가 나올지 예측할
수 있습니다. 회상 중에 부모가 등장하면 대개는 부모의
애정을 듬뿍 받고 자란 사람임을 알 수 있습니다. 그런 사람이
이야기하는 회상은 좋은 추억이나 혹은 좋지 않은 추억 중
하나입니다.

회상 중에 동생이 등장하는 것을 보니 아마 후자의 이야기가
될 것 같았습니다. 어머니와 동생을 떠올렸다는 점에서 어머니의
애정을 둘러싸고 동생과 경쟁했음을 알 수 있습니다. 그리고
어쩌면 그때까지 자신에게 향했던 어머니의 사랑을 동생에게
빼앗겼다는 이야기가 되겠구나 예측할 수 있습니다.

"그날 갑자기 비가 내리기 시작했습니다."

어린이의 인생에는 항상 어떤 사건이 있고, 그리고 그것은 늘

'갑자기' 일어납니다.

"어머니는 처음에 나를 안아줬는데……."

어머니는 비가 올 것을 예상했는지도 모릅니다. 처음에 어머니는 형을 안아주었습니다. 그런데…….

"문득 동생을 보더니 나를 내려놓고 동생을 안아췄어요."

이것은 남성에게 있어서 비극입니다. '너는 형이니까 참아야지'라는 말을 평소에 자주 들었을지도 모릅니다.

어머니가 자신을 내려놓고 동생을 안아주었다는 것은 이 남성에게 있어서 분명 비극이라고 할 수 있습니다.

그 비극이 '타자에 대한 정상적인 관심'을 잃게 하고 "인생은 힘든 것이고, 그러므로 항상 힘든 상황에 직면하기보다는 애초에 아무것도 하지 않는 게 더 낫다는 인상을 주었음을 알 수 있다"고 아들러는 말합니다.

'타자에 대한 정상적인 관심'이라는 것이 도대체 어떤 것인가는 앞으로 조금씩 살펴볼 것입니다. 그리고 이것은 왜 연애나 결혼에서 같은 실패를 반복하는가에 대한 문제를 고찰할 때의 중요한 열쇠가 됩니다.

주의해야 할 점은 방금 살펴본 것과 같은 비극은 결코 특수한 경험이 아니라는 겁니다. 형제관계에서 종종 벌어지는 일이며, 똑같은 경험을 했다고 해서 모두가 그로 인해 이 남성처럼 되는 건 아닙니다.

아들러는 이 회상에서 그의 라이프스타일을 그려낼 수가
있다고 말합니다. 그는 항상 다른 사람이 자기보다 사랑받게
되는 건 아닌지 눈을 부릅뜨고 살피는 라이프스타일을 선택한
것입니다. 그때의 경험과 비슷한 비극이 다시 일어날까봐
두려워하는 것입니다.

지금은 사랑받고 있어도 언젠가는 사랑받지 않게 되는 게
아닐까 두려워하는 사람은 자신에게로 향하는 상대의 관심이
줄어들거나 다른 사람에게로 옮겨간 것이 아닐까 늘 근심합니다.
그리고 그 생각을 뒷받침해줄 어떤 증거도 놓치지 않겠다고
생각합니다. 안타깝게도 그런 증거는 금방 찾아낼 수 있습니다.

이렇게 의심이 깊어진 사람은 모든 사람에게서 떠나 스스로를
고립하고 다른 사람에게 관심 갖지 않고 관계를 맺지 않고
살고 싶어 합니다. 그러나 현실적으로 사람은 혼자서 살 수가
없습니다.

자, 지금부터가 중요한 얘깁니다.

왜 이 사람이 비 오는 날의 일을 떠올렸는가 하면 지금도
사람을 바꾸어 똑같은 행동을 하고 있기 때문입니다. 다시 말해
지금도 의심이 많아서 자신에게 호감을 가진 사람이 나타나도

그 사람이 언젠가는 떠나는 게 아닐까 하고 '지금' 생각하고 있는 것입니다.

어린 시절의 일 때문에 지금 자신이 사랑받지 않게 될까봐 두려워하는 것이 아닙니다. '지금' 자신이 그렇게 의심으로 똘똘 뭉쳐 있기 때문에 과거의 이런 경험을 떠올렸던 것입니다.

즉 만약 이 사람이 지금 더 이상 의심이나 두려움을 갖지 않게 되면, 이 회상은 까맣게 잊힐 것입니다.

자꾸 부적절한 사람만
만나게 돼요

사귀는 상대로 혹은 결혼할 상대로 부적절한 사람을 선택하는 사람이 있습니다. 이미 결혼한 사람이나 나이가 한참 차이가 나는 사람을 좋아하게 되는 사람이 있습니다. 물론 그 연애가 무조건 틀렸다고 말할 수만은 없습니다. 아들러는 다음과 같이 말합니다.

"기혼 남성과의 관계는 그 자체로 독단적으로 비난할 수는 없다. 이 사랑이 좋은 결과를 맺을지 그렇지 않을지는 그 누구도 확실하게 말할 수 없기 때문이다."

『사람은 왜 신경증이 되는가』속 한 구절입니다. 설사
기혼자를 좋아하게 되었다고 해서 반드시 그 연애가 불행을
가져온다고는 단정할 수 없습니다.

그러나 '부적절한 상대'를 굳이 선택하는 사람이 있습니다.
그런 사람은 한 번 생각해볼 필요가 있습니다.

나는 왜 그런 어려운 상대를 선택하는 걸까?

혹시 그런 사람을 선택하면 설사 관계가 원만하게 이루어지지
않더라도 책임을 상대 탓으로 돌릴 수 있기 때문은 아닐까?

어느 한 사람을 선택해야 하는데 그 결정을 내리지 못하는
사람도 있습니다. 동시에 두 사람과 사랑에 빠지는 사람입니다.
이런 사람에 대해 아들러는 『인생의 의미에 대한 심리학』에서
"두 사람을 동시에 사랑하겠다는 것은 사실상 어느 누구도
사랑하지 않는 것이다"라고 꼬집고 있습니다.

두 사람을 동시에 사랑하는 사람은 두 사람 중 누군가를
선택할지 고민에 빠집니다. 그렇게 고민하는 데에는 목적이
있습니다. 고민하는 동안은 두 사람 중 누군가를 결정하지
않아도 되기 때문입니다. 즉 고민의 목적은 어떤 결정도 하지
않겠다는 것입니다. 고민은 선택을 미루는 구실로 필요한
것입니다.

(자꾸 화를
내고 울어요!)

타자는 내가 아닙니다. 아무런 문제가 없어도, 타자는 내
생각대로 되지 않는 법입니다. 자신이 상대를 생각하는 것과
똑같이 상대가 자신을 생각한다는 보증은 그 어디에도 없습니다.
설사 지금 막 사귀기 시작한 단계라도 상대를 자기 생각대로
조종할 수는 없습니다.

교제를 하면 할수록 상대가 자신과는 다른 생각을 하고
있음을 알게 됩니다. 이런 상황을 분별할 수 있는 사람은
그나마 관계를 개선할 여지가 있다고 말할 수 있습니다. 상대가
자신과는 전혀 다른 사고방식과 감정을 갖고 있다는 사실을
깨닫지 못하는 사람도 많습니다.

내가 아닌 다른 사람을 컨트롤할 수는 없습니다. 관계 역시
자기 마음대로 되지 않는 법입니다.

그런데도 자신의 생각대로 상대를 움직이려는 사람들이
있습니다.

교제를 시작한 단계에서는 서로 배려가 있었을 것입니다.
하지만 시간이 흐르면서 조심성이 차츰 사라집니다. 이때 자기
마음대로 상대가 움직여주지 않으면 분노의 감정이 터집니다.
아들러는 "분노는 사람과 사람을 떼어놓는 감정이다"라고
정확하게 지적하고 있습니다. 분노에 의해 두 사람의 관계가
멀어지면 상대는 내 요구를 받아들이려 하지 않을 것입니다.
설령 말을 잘 들어주는 것 같아도 마음에서 우러나서 그렇게
하는 것은 아닙니다.

우는 것도 마찬가지입니다. 아들러는 『교육이 어려운
아이들』에서 다음과 같이 말합니다.

"우는 행위를 무기로 하여 타인을 굴복하게 만드는 데
성공한다. 물의 힘!"

결정적인 순간에 상대가 눈물을 흘리는 바람에 난감했던

사람이 많을 것입니다. 걸핏하면 우는 사람은 어릴 때부터
그렇게 했을 것입니다. 울면 원하는 바가 이루어진다는 경험을
반복했을 것입니다. 어른이 되어서도 똑같은 행동을 하는
것입니다. 우는 것은 당신이 나를 이렇게까지 슬프게 했다는
비난이거나 내가 이렇게 힘들어하고 있으니 더 이상 책망하지
말라는 의사표현입니다.

아들러는 신경증에 대해서도 언급합니다. 신경증은 겁이
많은 사람의 무기, 약한 사람이 가장 많이 이용하는 무기라고
말합니다. 그 무기를 이용해 타인을 지배할 수 있기 때문입니다.

예를 들어보겠습니다. 누군가 불안을 호소하면 주변 사람들은
불안해하는 사람을 그대로 내버려두지 못합니다. 관심을
자신에게만 향하도록 하는 데 성공한 것입니다. 씻는 일에
강박증이 있는 사람은 섹스를 피하기 위한 핑계로 그 증상을
이용하는 경우가 있습니다. 파트너와의 섹스를 그로 인해 피할
수 있고 상대보다 우위에 설 수 있습니다.

상대를 지배하기 위해 처음부터 자기보다 약한 파트너를 찾는
사람도 있습니다. 그런 사람은 자기보다 학력이 높거나 재력이
좋거나 머리가 좋은 사람을 파트너로 선택하지 않습니다.

"눈물과 불평은 협력을 혼란스럽게 하지만, 때로는 타자를
종속시키기 위한 극도로 효과적인 무기다."

스스로 돌아볼 일입니다. 지금 우리는 무엇을 무기로
하고 있을까요? 지난번 싸움에서 연인에게 어떤 무기를
사용했을까요? 아들러의 말에 귀를 기울여야겠습니다.

자꾸 싸워요!
풀고 싶지 않아요!

상대를 더 직접적으로 지배하려는 사람도 있습니다. 사람을 늘 공격적으로 대하는 부류입니다. 이런 사람도 처음부터 공격적이었던 것은 아닙니다. 처음에는 칭찬을 받고 싶었을 것입니다. 하지만 자신이 한 일을 상대가 알아주지 않았고, 이것을 참을 수가 없게 된 것입니다.

어느 날 갑자기 좋아하는 사람을 위해 도시락을 만들겠다는 생각을 합니다. "당신은 항상 바빠서 점심을 여유롭게 먹을 시간도 없는 것 같아, 아침에 일찍 일어나 도시락을 싸왔어"라고 하면서 아침에 그에게 도시락을 전달합니다.

그런데 저녁에 도시락 가방을 열어보니 얼마나 바빴는지

모르지만 도시락에 손도 대지 않았습니다. 기분이 어떨까요. 그가 점심 먹을 시간도 없이 바빴구나, 하는 생각과 내가 정성을 들여 싸줬는데 손도 대지 않다니 섭섭하다는 생각 사이에는 큰 차이가 있습니다. 후자처럼 받아들이면 공격적이 되는 것입니다.

자신에게로 관심을 모으는 방법은 도시락 싸기만이 아닙니다. 전화를 자주 하거나 문자를 보내는 것도 관심을 끌기 위한 방법이라고 할 수 있습니다. "지금은 전화를 받을 수 없으니까 나중에 해" 하고 말할 수 있는 사람이라면 그나마 다행이지만, 길어지는 통화에도 전화를 끊지 못하는 사람이라면 어떨까요. 그런 일이 계속되면 차츰 전화로 이야기하기가 겁이 나기 시작하고 전화가 와도 받지 않거나 문자에 대한 답장도 즉각 쓰지 않게 되기도 합니다. 정말 너무 바빠서 전화를 받을 수도, 문자에 답을 할 수도 없는 경우도 있습니다.

앓아누운 부모를 간병인도 없이 보살피는 여성이 있었습니다. 밤에는 부모가 잠들 때까지 해야 할 일이 많습니다. 그런데 그런 와중에 연인으로부터 전화가 걸려오는 것입니다. "지금은 너무 바빠서"라고 해도 그는 도무지 전화를 끊으려고 하지 않습니다. 그뿐 아니라 드디어 어느 날 그는 이런 말을 했습니다.

"우리 사귀는 거 맞아?"

그의 입장에서 보면 가족은 자신들의 교제와 관계가 없다고 말할 수 있고 그에게는 그 나름대로 이 시간밖에 전화를 할 수 없는 등의 이유가 있었을지도 모릅니다. 그러나 그는 상대의 사정을 고려하지 않는 사람입니다. 이런 사람이 어떤 배려를 할 수 있겠습니까. 이 사람은 앞으로도 집요하게 상대를 곤경에 빠뜨려 공격할 것입니다.

바쁜 나머지 연인에게 제대로 연락을 하지 못하는 남성이 있었습니다. 그는 어느 날 집 전화에 메시지가 녹음되어 있다는 걸 깨달았습니다.

"당신 거기 있는 거 알아."

분노의 감정이 일어났다면 그 시점에서 두 사람에게 사랑은 없는 것입니다.

그가 지겨워하고 있다는 것을 그녀는 깨닫지 못합니다. 그에게도 하고 싶은 말이 있습니다. "바빴어. 집에 오자마자 오로지 쉬고 싶은 생각뿐이었어. 그런데 너무 자주 문자나 전화가 와서 일일이 대답하기에는 힘에 부쳐." 이런 말을 하고 자신이 취한 행동이 정당한 것이었음을 호소합니다.

두 사람은 서로 공격하고 있습니다. 힘겨루기를 하고 있는 것입니다. 설사 감정적으로 되지 않더라도 어느 한쪽이 자신이 옳다고 주장하기 시작하면 힘겨루기에 접어들고 있는 것입니다.

이 단계의 다툼을 해결하는 방법은 하나밖에 없습니다. 그것이

무엇인지는 한참 후에 살펴보도록 하겠습니다.

(사랑받을 수 있는 노력이
필요합니다)

사랑은 강요할 수 없습니다. 우리는 상대를 사랑할 수 있을 뿐입니다. 상대가 우리를 사랑할지 여부는 상대가 결정하는 것입니다. 우리에겐 결정권이 없습니다. 사랑받고 싶다면 사랑받기 위한 노력이 필요합니다.

남에게 강요할 수 없는 것이 두 가지가 있습니다. 존경과 사랑입니다. '나를 존경하라' '나를 사랑하라'라고 아무리 말해봐야 소용없습니다. 상대의 마음을 강제로 나에게 향하게 할 수 있다고 생각하는 사람이 상대를 공격하는 것입니다. 이런 행동은 상대의 마음을 멀어지게 할 뿐입니다. 상대를 지치게

해서는 신선한 사랑을 받을 수 없습니다. 상대를 피곤하게
해서는 달콤한 사랑을 받을 수 없습니다.

아마 자신이 미움받고 있다는 것을 알아도 그 사실을
인정하고 싶지 않을 것입니다. 인정하면 자존심이 상하기
때문입니다. 그리고 급기야 상대로 하여금 자신을 좋아하게
만드는 것을 단념하고 오로지 상대를 괴롭히기 위해 공격적으로
돌변할 수도 있습니다. 심하면 복수심이 싹트기도 합니다.

상대를 지치게 하지 마십시오.
상대를 몰아붙이지 마십시오.
공격하지 마십시오.
모두가 굴절된 인정 욕구에 불과합니다.

(사랑하는 사람은
질투 따위는 하지 않습니다)

"어떤 정념이라도 천진난만하게 나타나는 경우에는
항상 일종의 아름다움을 갖고 있다. 그런데 질투에는
천진난만함이라는 것이 없다."

철학자 미키 기요시의 말을 빌리면 질투는 '악마에게
어울리는 속성'입니다. 사랑은 순수할 수 있는 데 비해 질투는
항상 음험하다고 미키는 말합니다. 사랑은 순수하다고 말하지
않는 점에 주목하고 싶습니다. 즉 사랑은 '순수할 수도 있다'는
것이고 사랑이 무조건 다 순수하다는 의미는 아닙니다.
다른 한편 질투는 '항상' 음험합니다. 미키는 다른 정념에

대해서는 좋은 점도 지적하는데 질투에 대해서는 부정적인
표현밖에 하지 않습니다.

　사랑과 질투에 공통점이 있다면, 어떤 정념보다도
'술책적'이라는 것입니다. 그리고 '훨씬 지속적'이라는 것입니다.
사랑도 술책이 끼어들면 순수한 것일 수 없습니다. 지속되는
질투는 사람을 힘들게 합니다.

　나아가 미키는 '치열하게 상상력을 동원하는 것'도 사랑과
질투의 공통점이라고 말합니다. 여기서 괴로운 점은 상대가
자기를 사랑해주는 것을 상상하는 것이 아니라, 자기를 사랑하지
않는 게 아닐까 전전긍긍하고 그것을 뒷받침할 증거를 상상하는
것입니다. 미키는 질투가 상상력을 작동시키는 것은 거기에
끼어드는 '왜곡된 사랑에 의해서'이고 애초에 사랑이 없으면
질투의 감정은 생기지 않는다고 지적합니다.

　그러나 나는 사랑과 질투는 다른 것이라고 생각합니다.
상상력을 작동시키는 것은 질투하는 사람만이 하는 행동입니다.
사랑하는 사람은 질투 따위는 하지 않습니다. 상대가 질투를
하지 않으면 사랑받고 있다는 느낌이 들지 않는다고 하는 사람의
속셈은 사실 이런 것입니다. 자신이 상대를 질투하는 것을

정당화하기 위한 것이지요.

상대의 행동을 감시하는 것은 관계를 답답하게 만들 뿐 좋은 영향을 주지 않습니다. 감시당하는 것을 기쁨으로 느낄 사람은 없습니다. "질투는 집을 지키지 않는다, 항상 분주하다"고 미키는 말합니다. 질투하는 사람은 늘 질투할 거리를 찾아다니며 결코 차분하게 안정을 유지하지 못한다는 의미입니다.

사랑받고 있는데도 자존감이 없으면 혹시 사랑받지 못하는 게 아닐까, 언젠가 연적이 나타나는 게 아닐까 하는 불안에 시달리게 됩니다. 이것은 열등감입니다. 상대를 붙잡아두지 못할 거라고 두려워하는 사람이 만들어낸 가공의 감정일 뿐입니다.

이런 분들에게 꼭 해주고 싶은 얘기가 있습니다. 상대는 자신의 소유물이 아닙니다. 그 누구도 사랑하는 사람을 붙잡아둘 수 없습니다. 백 번 양보해서 물건처럼 아무데도 못 가게 상대를 붙잡아두었다고 합시다. 상대의 마음까지 붙잡아둘 수 있을까요. 상대의 마음을 소유할 수 있을까요.

질투하는 사람은 사랑받지 못하고 있다는 증거를 끊임없이 찾아내려고 합니다. 상상력은 더 부풀려지고 사랑받지 못하는 증거를 찾는 일에 마음은 더 바빠지기만 합니다. 일찍이 아들러는 『성격의 심리학』에서 이렇게 경고했습니다.

"질투는 다양한 형태로 나타난다. 속으로는 항상 의심하는 특징이 있으며, 경시당할까봐 끊임없이 두려워하는 모습으로 나타난다."

질투의 감정은 연적에게로 향하기도 합니다. 그 사람이 예를 들어 자기보다 능력이 있고 아름답거나 젊고 훌륭할 때 질투의 감정이 일어나는 것입니다. 사랑은 본디 승패의 문제가 아닌데 어리석은 일입니다.

멈추십시오!

사랑하는 사람은 질투 따위는 하지 않습니다!

(에리히 프롬이
그랬어요)

어떤 젊은 남성이 아름다운 약혼녀와 댄스파티에서 춤을 추고 있었습니다. 한참 신나게 춤을 추던 중에 남성이 안경을 떨어뜨렸습니다. 그는 떨어진 안경을 줍기 위해 그녀를 밀어 쓰러뜨릴 뻔했습니다. 놀란 친구 하나가 "왜 그래?" 하고 묻자 그는 이렇게 대답했습니다. "그녀가 내 안경을 깨뜨리게 하고 싶지 않았어."

이 남성이 자기 자신밖에 관심이 없다는 것은 분명합니다. 이 이야기를 소개하는 아들러는 그가 결혼할 준비가 되어 있지 않다는 사실을 알 수 있다고 말합니다.

아들러는『개인심리학 강의』에서 데이트에 늦는 연인의
행동을 '망설이는 태도'라고 지적합니다. 예를 들면 만났을 때
상대가 어떻게 여길지, 복장이나 화장에 대해 어떻게 생각할지,
데이트를 하고 있을 때 상대로부터 미움을 받지나 않을지 등
여러 생각 때문에 전전긍긍해서 늦는 것이라고 생각한 것입니다.

그러나 나는 그렇게 생각하지 않습니다. 데이트에 늦는 것은
데이트에 늦는 것을 아무렇지도 않게 생각하기 때문입니다. 그런
사람은 자기 자신에게만 관심이 있고, 상대에게는 관심이 없다고
해야 할 것입니다. 상대를 생각한다면 '타당한 이유도 없이'
데이트에 늦을 리가 없습니다.

나는 이 문제에 관해서라면 프롬의 손을 들어주고 싶습니다.
프롬은『사랑한다는 것』에서 다음과 같이 말합니다.

"만약 어떤 여성이 꽃을 좋아한다고 말하면서도 그녀가
꽃에 물 주기를 잊고 있다는 사실을 알았다면 우리는 꽃에 대한
그녀의 '사랑'을 믿을 수 없을 것이다. 사랑이란 사랑하는 대상의
생명과 성장을 적극적으로 배려하는 일이다. 적극적인 배려가
없는 곳에 사랑은 없다."

꽃을 사랑한다고 말하는 사람이 꽃에 물 주기를 잊고 있다면,
정말로 꽃을 사랑하고 있는 걸까 의문이 생길 것입니다.

마찬가지로 아무리 입으로는 '나는 그를 사랑한다'고 해도 자기 자신만 생각하고 연인을 배려하지 않는다면 연인을 사랑하고 있다고 도저히 믿을 수 없을 것입니다.

2부 \

결혼은 불행의 시작일지도 모릅니다

...

모든 연애가 결혼으로 이어지는 것은 아니지만, 결혼을 전혀 생각하지 않고 연애만 하겠다는 사람도 많지는 않을 것입니다. 만약 결혼하지 않겠다고 결심했다면, 그런 결심을 하는 것도 결혼을 의식하고 있다는 증거입니다. 결혼을 하고 나서 이윽고 자녀가 태어나면 상황이 급격하게 변합니다. 2부에서는 결혼과 자녀가 두 사람의 관계에 어떤 영향을 미치는지 살펴보겠습니다.

(결혼은 한쪽 끈만 잡아당기면 언제든 풀어지는 나비매듭이 아닙니다)

고등학교에 갓 입학했을 무렵 담임선생님이 느닷없이 결혼으로 연결되지 않는 연애는 없다는 이야기를 해서 놀란 일이 있습니다. 어떤 맥락에서 그런 이야기가 나오게 되었는지 기억나지 않지만, 그 후에도 한동안 선생님이 했던 말의 의미를 생각해야만 했습니다.

연애의 목적이 반드시 결혼은 아닐 것입니다. 아직도 많은 소설과 영화, TV 드라마는 사랑하는 두 사람이 결혼하는 장면으로 끝나지만, 결혼은 두 사람에게 새로운 관계의 시작이지 목적은 아닙니다. 오히려 결혼이라는 하나의 결말은 해피엔드는커녕 불행의 시작일지도 모릅니다.

결혼 자체로 행복해지는 건 아니지요. 결혼한 많은 사람들이
경험하고 실감하는 일입니다. 각별하게 노력하지 않으면 두
사람의 관계는 소원해질 수도 있습니다.

거리를 걷는 연인들을 보면, 결혼을 했는지 안 했는지 단번에
알 수 있다고 말하는 친구가 있었습니다. 결혼한 사람들은
살가워 보이지 않기 때문이라는 것입니다.

상대가 결혼 후에 태도가 돌변하면 덫에 걸렸다는 생각이
들기도 하고 속았다고 억울해 할지도 모르겠습니다. 하지만 그건
단지 결혼 전에 그렇게 될 징후를 깨닫지 못했을 뿐입니다.

결혼은 이벤트가 아니고 생활입니다. 결혼하고 나서는 두
사람이 협력하지 않으면 세 끼 식사를 제대로 할 수도 없고,
뒷정리도 두 사람이 직접 해야 합니다. 그러니 늘 자신의 좋은
점만 보일 수는 없습니다. 마찬가지로 상대의 좋은 점만 볼 수도
없습니다. 더구나 부모나 친척과도 왕래를 해야 합니다.

아들러는 『인생의 의미에 대한 심리학』에서 다음과 같이
말합니다.

"사랑과 결혼을 이상적인 상태, 혹은 이야기의 해피엔드라고
간주하는 것은 틀렸다. 그(그녀)들의 관계에서 가능성이

시작되는 것은 두 사람이 결혼했을 때다."

결혼은 두 사람의 새로운 '가능성'에 지나지 않습니다. 갓 결혼한 두 사람은 이른바 대리석이나 청동입니다. 그것을 이용해 어떤 작품을 만들지를 생각해야 할 때인 것입니다. 좋은 작품이 될지는 전적으로 두 사람의 노력에 달려 있습니다. 그 작품이 인생이라는 작품이 됩니다.

명심하세요. 연애가 한쪽 끈만 잡아당기면 언제든 풀어지는 나비매듭이라면, 결혼한 두 사람은 평생 함께 살고 싶은 마음을 굳게 결심하고 풀기 힘든 매듭을 함께 묶은 사이라는 것을요.

(결혼 이후를 예측할 수는 없습니다)

나는 결혼하고 나서 무슨 일이 일어날지 예측할 수 없어서 결혼을 두려워하는 사람이 많다고 생각합니다. 아들러는 다음과 같이 말합니다.

"결혼의 미래에 대해, 낙하하는 돌의 궤적을 계산할 수 있는 것처럼 예견할 수는 없다. 돌이 진리의 세계에 있다면, 우리는 인간적인 오류의 세계라는 영역에 살고 있다."

결혼한 후 두 사람의 생활이 앞으로 어떤 모습으로 변해갈지는 알 수 없습니다. 돌이 떨어질 때는 물리법칙에 따르지만 자유의지가 있는 인간은 매순간 행동을 선택할 수 있고, 그럴 때 잘못된 선택을 하는 경우도 있기 때문입니다.

그렇기 때문에 세월이 흐르고 나서도 두 사람의 관계가 처음 사귈 때나 결혼할 당시와 똑같은 상태일 수는 없습니다. 반드시 두 사람의 관계가 나빠진다는 의미는 아닙니다. 시간이 지남에 따라 관계가 좋아지는 경우도 있을 것입니다.

아무튼 시간이 흐르고 두 사람을 둘러싼 상황이 변해가는 가운데 두 사람의 마음이 변하지 않을 거라는 보장은 없습니다. 물론 큰 틀에서는 "두 사람의 마음은 조금도 다르지 않다"고 말할 수 있겠지요. 뭔가 문제가 생겨도 서로를 사랑하는 마음은 다르지 않을 거라는 신뢰가 있었기 때문에 결혼할 수 있었다고도 말할 수 있습니다.

내가 '마음이 변하지 않을 거라는 보장은 없다'고 말하는 것은 상대를 싫어하게 된다는 의미가 아닙니다. 상대에게 가졌던 마음이 고스란히 유지되는 일은 없다는 의미입니다. 오히려 변하지 않는 게 더 이상합니다. 서로 알게 된 순간처럼 시간이 지나도 상대에 대한 마음이 전혀 달라지지 않았다는 사람이 있다면, 그것은 상대에 대한 마음이 처음부터 없었다고 해도 좋을 정도입니다.

두 사람의 관계가 변화하는 이상, 결혼 이후의 일들은 변화무쌍할 수밖에 없습니다. 예측하는 것이 아니라 만들어갈 뿐입니다. 그것이 결혼입니다.

(이 사람과 결혼하면
틀림없이 행복해질 거야?
신념에 지나지 않습니다!)

'오늘은 비가 오고 있다'는 말은 눈앞에 보이는 사실입니다. 그런가 하면 '내일은 비가 올 것이다'라고 하면 '내일은 비가 올 것이라고 믿는다(생각한다)'라는 의미이기 때문에 어떤 의미에서 신념이라고 할 수 있습니다. 결혼을 하면 어떻게 될지의 문제도 이와 마찬가지입니다. 신념의 문제입니다.

앞으로 일어날 모든 일을 예견할 수 있다면 어떨까요. 내일도 모레도 예상하지 못했던 일이 일어나는 경우는 없을 것입니다. 온갖 일들이 부처님 손바닥 안의 일입니다. 미지의 것이 발견될 일도 없습니다. 그렇다면 과학은 끝이 나겠지요.

이것은 과학뿐만 아니라 사람 사이의 관계에도 적용됩니다.

최근에 알게 된 사람이라면 당연히 그렇겠지만, 가령 오래 전부터 알고 지낸 친구라 해도 어느 날 문득 그 친구에 대해 몰랐던 점을 발견하기도 하고 미처 예상치 못했던 행동을 보게 되기도 합니다. 바로 그렇기 때문에 누군가와 함께 있으면 즐거운 것입니다.

다시 말하지만, 결혼하고 나서 무슨 일이 일어날지는 예측할 수 없습니다. 바로 그렇기 때문에 두 사람은 사랑을 키워나가려고 노력하는 것이고 사랑을 즐길 수가 있는 것입니다.

아들러가 좋아하는 우화 중에 이런 이야기가 있습니다. 임종이 다가온 아버지를 자녀들이 에워싸고 있었습니다. 아들이 앞으로 나가 지혜를 구하며 꼭 전하고 싶은 이야기를 남겨 달라고 말했습니다.

아버지는 이렇게 말했습니다.

"단 하나 확실한 사실은 확실한 건 하나도 없고 모든 것은 변화한다는 사실이다."

(왜 결혼을 결단하지
못하는가)

오래 교제한 상대가 있는데도 결혼을 결단하지 못하는
사람이 있습니다. 두 사람이 결혼을 하지 않는 것 자체는 문제가
아닙니다. 그러나 결혼을 망설이는 이유를 물어보면 그 대답에서
두 사람의 관계가 어떤 상태인지, 문제가 무엇인지 보입니다.

가장 흔한 이유는 자신이 없다는 것입니다. 가끔 만나는
관계라면 자신의 좋은 점만 상대에게 보여줄 수도 있겠지만,
365일 항상 붙어 있다 보면 결코 그럴 수는 없을 것이고, 그래서
결혼을 망설인다는 겁니다.

결혼하고 나서 다른 사람을 좋아하게 될지도 모르기 때문에 결혼을 할 수 없다는 사람도 있습니다. 하지만 결혼도 하기 전에 그런 생각을 한다는 것은 문제입니다. 그리고 다른 사람을 좋아하게 될지도 모른다며 결혼을 망설이는 사람의 경우를 보면 대개 자기는 그런 일이 있어도 어쩔 수 없지만 상대가 다른 사람을 좋아하게 되는 건 용서할 수 없다는 생각을 가진 경우가 많습니다.

결혼하면 자유가 없어진다는 것도 결혼을 망설이는 사람들이 자주 내세우는 이유 중 하나입니다. 같이 살면 자유롭지 못하다는 건 어떤 의미에서 틀렸다고 말할 수는 없습니다. 그러나 사귀기 시작한 단계에서부터 그렇게 느끼는 사람도 있는데 이런 사람은 애당초 연애나 결혼에 대한 사고방식에 문제가 있다고 해야 할 것입니다.

결혼을 약속한 상대로부터 아이가 생기지 않을지도 모른다는 말을 듣고 결혼을 망설이는 사람도 있었습니다. 하지만 아이가 생길지 여부는 아무도 알 수 없습니다. 그리고 아이를 낳지 못한다고 해서 사랑하는 두 사람이 결혼하는 의미가 없어지는 것도 아닙니다. 실제로 결혼을 해서 아이가 생기지 않아

고민하는 부부들이 있습니다. 하지만 그런 부부가 괴로워하는
것은 아이를 낳지 못해서가 아니고 반드시 아이를 낳아야 한다는
생각을 고집하고 있기 때문입니다. 한편 출산으로 인해 몸매가
망가지는 것을 두려워하는 사람도 있고, 아이를 낳아 키우는
고생을 꺼려하는 사람도 있습니다.

　남녀 중 한쪽이, 혹은 두 사람 모두 아이를 낳아 키우는
어려움을 결혼을 망설이는 이유로 꼽는 경우도 있습니다.
그런 사람들은 아이가 자기(들)를 위한 시간을 빼앗는다고
생각합니다. 또 그중 일부는 아이가 가정 안에서 관심의
중심에 있게 되고 자기가 받던 관심을 아이가 받게 되는 것이
부당하다고 여기기도 합니다.

　한마디로 정리하겠습니다. 결혼을 망설이는 이유로 열거한
위의 모든 것들과 열거하지 않은 더 많은 것들 모두, 결혼하지
않은 상태로 있겠다는 결심을 정당화하기 위한 구실일 뿐입니다.

(부모가
결혼을 반대하는 경우)

부모가 결혼을 반대하기 때문이라며 결혼을 결단하지 못하는
사람도 있습니다. 예를 들면 정규직으로 취직하지 못한 상태에서
결혼하려고 하다가 부모로부터 반대에 부딪히는 경우가 적지
않을 것입니다. 그러나 부모가 결혼하는 게 아니기 때문에 설사
부모가 반대한다고 해도 그것과는 관계없이 결혼을 결정할 수
있습니다.

부모도 자식의 인생을 책임질 수는 없습니다. 나중에 더
강력하게 반대했어야 했다며 부모가 후회하는 경우는 있을지
모르지만, 책임은 모두 자녀에게 있는 것이므로 부모가
개입해서는 안 됩니다.

자식도 '걱정해주셔서 감사합니다'라는 한마디면 충분합니다.
결혼에 대한 책임 소재만큼은 분명하게 해두어야 합니다.
자신들의 인생을 사는 것입니다. 나중에 왜 좀 더 강력하게
반대하지 않았느냐며 부모를 책망해서는 곤란합니다. 반대로
부모가 권하는 상대와 결혼을 하고 나중에 결혼생활이 순탄치
못했을 경우 책임을 떠넘기는 것도 어리석습니다.

부모가 자식의 결혼에 반대하는 이유는 여러 가지가 있겠지만
하나같이 군더더기 같은 이유에 지나지 않습니다. 부모는 자식의
결혼을 반대하는 게 당연하다고 믿고 있는 것인지도 모르고,
부모가 자립하지 못하고 자식이 자신들에게서 떠나가는 것을
두려워하는 경우도 있습니다.

하지만 그런 두려움도 부모가 스스로 감당해나가는 수밖에
없는 일이므로 자식이 어떻게든 해줘야 한다고 생각할 일은
아닙니다. 부모가 결혼에 반대하여 화를 내더라도 그 감정 역시
부모가 스스로 해결하는 수밖에 없습니다.

설사 결혼할 때 부모가 반대했더라도 결국 결혼한 두
사람이 행복하게 산다면 그것이 바로 효도입니다. 부모가
어느 날 자식의 결혼에 반대하지 않기를 잘했다고 생각하도록

배우자와의 관계를 원만하게 꾸려나갈 노력을 하면 됩니다.

또한 부모가 반대해도 다음과 같이 생각할 수가 있습니다. 부모라는 건 '이 아이는 내가 없어도 된다'라는 생각이 들면 갑자기 늙어버리는 경향이 있습니다. 다시 말해 '이 아이는 내가 없으면 살 수가 없을 거야'라고 생각하는 동안 그 부모는 활기를 갖고 살 수 있습니다.

혹시 부모의 반대 때문에 힘들어하고 있다면, 지금 당장 부모를 슬프게 한다고 반드시 불효라고 말할 수 없다는 점을 알아두면 좋겠습니다.

(상대를 희생해서
나를 실현하는 결혼)

지금까지 사람들이 결혼을 망설이는 다양한 이유를
살펴봤습니다. 각자 사정은 있겠지만 기본적으로는 모두 하찮은
이유에 지나지 않습니다. 이런 이유가 있기 때문에 결혼할 수
없는 게 아니고 결혼을 하지 않기 위해 이런 이유들을 내세우고
있다는 것이 속내일 것입니다.

결혼을 결단하지 못하던 사람이 결혼하려고 마음먹었을 때는,
결혼하면 어떤 미래가 기다리고 있을지 예측할 수 있을 만한
사람을 배우자로 선택하는 경향이 있습니다. 연봉이나 사회적
지위 같은 외면적인 조건을 보고 결혼하기에 '안전'한 사람인지
여부를 판단하는 것입니다. 부모가 어떤 인물인지, 형제자매는

있는지 등도 이런 조건에 포함됩니다.

이런 라이프스타일의 사람이 말하는 '행복'은 사실 '행복'이 아니고 '성공'이라고 생각합니다. 지금 이 문제를 깊이 다루지 않겠습니다. 다만 아들러가 "누군가 다른 사람을 희생해서 자신의 가치를 포장하는" 사람이라고 설명했다는 점만 밝혀두도록 하겠습니다.

상대는 희생의 대상이 되었다고 의식하지 않을지 모르지만, 있는 그대로의 자신을 사랑해서가 아니고 자신의 재산이나 사회적 지위가 있기 때문에 선택되었다는 것을 알면 기쁘지는 않을 것입니다. 이처럼 상대를 희생하는 관계는 대등한 관계라고는 말할 수 없습니다. 이 관계는 그 어떤 관계보다 불안합니다. 예측하기 어려워 피했던 결혼보다 이 결혼이 더 불안하다는 것이 나의 생각입니다.

크게
착각하고 있는 사람도
꽤 있습니다!

두 사람의 라이프스타일을 알면 앞으로 두 사람의 인생이
어떻게 펼쳐질지 어느 정도 예견할 수 있습니다. 이것은 반드시
이렇게 된다, 라는 이야기는 아닙니다. 만약 두 사람이 지금의
라이프스타일을 바꾸지 않는다면 아마 이렇게 될 것이라는
이야기입니다.

여기서는 경제적인 조건이나 사회적인 조건 따위는 결혼의 큰
문제가 되지 않는다는 점을 지적해두고자 합니다.

그러나 어느 한쪽이 경제적으로 우위라는 점을 이유로 상대의
삶을 제어하려고 든다면 결혼생활은 순탄치 못할 것입니다.
경제적 우위가 결코 인간으로서의 우위를 의미하는 것이

아님에도 불구하고 자신이 배우자를 양육하고 있다는 식으로
크게 착각하고 있는 사람도 꽤 있습니다.

(
배우자는
당신의 부모가 아닙니다
)

결혼한 두 사람 중 어느 한쪽이 응석받이로 자랐을 경우
처음 얼마 동안은 큰 문제가 되지 않을지도 모르지만 나중에는
꽤나 심각한 문제가 불거집니다. 특히 두 사람 모두 응석받이로
성장했을 경우라면 결혼이 비참하게 끝날 수도 있습니다.

아들러는 『개인심리학 강의』에서 응석받이로 자란
사람들끼리의 결혼생활에 대해 다음과 같이 말합니다.

"이런 사람들의 결혼생활은 둘 중 누구도 주려고 하지 않는
뭔가를 기대하면서 서로 앞에 버티고 서는 격이다. 두 사람 모두
이해를 받지 못하고 있다는 느낌을 갖게 된다."

여기서 '준다'는 것은 어떤 의미일까요? 응석받이로 자란
사람은 성인이 되고 나서도 응석을 받아주기를 기대하기 때문에
상대가 자신에게 끝없는 관용을 '베풀어'주기를 기대합니다.
그리고 그 '응석'이 받아들여지지 않으면 상대가 자기를
이해하지 못한다고 생각하게 됩니다. 그러나 원래 '준다'는 말의
의미는 '응석'을 받아들여주는 것이 아닙니다.

응석받이로 자란 사람은 자신이 원하는 것을 모두 손에 넣고
싶어 합니다. 실제로 어릴 때는 갖고 싶은 거라면 뭐든 손에
넣을 수 있었습니다. 울기만 하면 모든 게 원하는 대로 되었기
때문입니다. 원하는 것이 주어지지 않는 건 부당하다고 강하게
항의하면 되었습니다.

당연한 이야기지만 시간이 지나면서 원하는 것을 손에 넣었던
'황금시대'는 끝이 납니다. 그러나 그런 황금시대가 끝났음을
깨닫지 못하는 사람도 있습니다. 그런 사람은 인생은 자기가
생각하는 대로 되는 것이라고 여깁니다. 그리고 원하는 것이
손에 들어오지 않으면 살아가는 의미가 없다고까지 여깁니다.

혼자 힘으로는 할 수 없는 일도 분명 있습니다. 자신이
감당하지 못하는 일이면 다른 사람에게 도움을 청할 필요가
있습니다. 그러나 한편 다른 사람의 도움을 받는 것을
당연하다고 생각하는 것 또한 문제입니다. 원하면 도와주기는

하겠지만 그것은 도움 주는 사람의 호의이지 의무는 아닙니다. 이 점을 오해하며 자란 사람은 상대가 누구든 자신이 기대하는 대로 움직여주는 것을 당연하게 생각합니다.

그런 사람은 만약 자기가 기대한 대로 움직여주지 않는 사람이 있으면 그 사람에 대해 공격적이 됩니다. 부모는 자식이 그런 태도를 취하는 것을 용납해줄지 모르지만 결혼 상대는 부모가 아닙니다. 배우자가 부모처럼 뭐든 자기가 원하는 대로 해주지 않는다고 해서 이 사람과 함께 살아갈 수 없다고 생각하는 건 큰 잘못입니다.

(

역할은
고정되어 있는 게
아닙니다

)

아들러는 『사람은 왜 신경증이 되는가』에서 아버지에게
응석받이 막내로 자란 어떤 여성의 사례를 인용하고 있습니다.
아버지가 재혼했을 때 아버지에게 버림받았다고 생각하고
아버지에 대한 원망을 품게 된 그녀는 결혼하지 않기로
결심했습니다. 어느 날 그녀는 다음과 같은 꿈을 꾸었습니다.

"예수 그리스도가 내 앞에 나타나 같이 천국으로 가자고
했습니다. 천국에서 내가 할 일은 다른 모든 사람을 기쁘게 하는
것이라고 예수는 말했습니다. 만약 이 권유에 응하지 않으면
지옥에 가게 된다고 했습니다."

이 꿈 속의 예수는 그녀에게 프러포즈를 하는 남성을

당신의 사랑은 지금 행복한가요?

말합니다. 그녀에게 천국으로 같이 가자, 즉 결혼하자고
요청하고 있는 것입니다. 이 요청에 응하지 않으면 지옥으로
가게 된다는 것이 상당히 억지스럽기는 합니다. 천국에서의
일이란 결혼하고 나서 그녀가 해야 할 일이고, 그것이 다른
모든 사람, 즉 결혼의 경우 이 남성을 기쁘게 하는 일이라는
의미입니다. 이 꿈에 대해 아들러는 다음과 같이 해석했습니다.

"'다른 사람을 기쁘게 한다'는 것은 여성의 역할을 경시하는
의식이다. 그녀 스스로 여성의 역할은 남성을 기쁘게 하는 것에
불과하다고 생각하고 있는 것이다."

여자는 이렇게 말했습니다.

"그래서 나는 천국으로 갔는데 거기서 아나톨 프랑스의
(종교와 권력에 집착해온 인간들을 풍자한) 소설에 나오는 펭귄을
닮은 수많은 천사를 봤습니다. 하느님도 봤습니다. 하느님은
수염을 깎은 모습으로 약국 광고에 나오는 남자처럼 보였고
바쁘게 돌아다녔습니다. 나는 크게 절망한 나머지 그곳을 떠나고
싶었습니다."
물론 이 꿈은 결혼에 대한 이 여성의 이미지에 불과하지만

지금 시대에도 결혼에 대해 그녀와 비슷하게 생각하는 사람이
있을 것입니다. 그녀의 결혼관에는 두 가지 문제가 있습니다.
하나는 결혼이란 상대를 기쁘게 하는 일이라고 여기는 점입니다.
앞에서 '준다'는 것에 대해 언급했습니다. 응석받이로 자란
아이처럼 받는 것만 기대하는 건 잘못이지만 '준다'는 것을
상대를 기쁘게 한다는 의미로 생각하는 것도 잘못입니다.
또 하나의 문제는 남성의 역할, 여성의 역할 등으로 역할을
고정해서 생각하는 점입니다. 밖에서 일을 할지 집에서 살림을
할지는 남녀로 정해진 역할이 아니라 직업적인 상황에 따라
부부 중 한 사람이 밖에서 일할지 집안일을 할지 결정한 것에
불과합니다. 애당초 집안일이라는 것은 누군가가 전업으로 해야
하는 일이 아닙니다. 가사는 본래 가족이 모두 분담해서 하는
것입니다. 낮에는 밖에서 일을 했으니 가사에 참여하지 못했을
뿐이고 마음만 있다면 밤에 집에 와서 가사를 도맡아도 되는
것입니다.

(자녀가 중심이 되면
가정에 문제가 생깁니다)

마지막으로 결혼하고 나서 어느 정도 시간이 지나 생기는
문제점에 대해 살펴보겠습니다. 자녀가 태어나면 상대의 호칭이
달라지는 사람이 있습니다. 남편을 '아빠' 아내를 '엄마'라는
식으로 부르는 사람입니다. 그러나 이것은 자녀를 매개로 하여
자녀의 관점에서 상대를 '아빠' '엄마'라고 부르는 것이므로 깊이
생각할 것도 없이 참으로 이상한 호칭입니다.

자녀를 키우기 위해서 부부의 협력은 꼭 필요하지만,
가정이 자녀를 중심으로 움직이기 시작하면 그로 인한 문제가
일어납니다.

하나는 어머니와 아기의 관계가 밀착해 있기 때문에 아버지가

가정 안에서 고립되어버린다는 점입니다. 특히 응석받이로
성장한 아버지라면 자기가 관심의 중심에 있을 수 없게 된 것을
참을 수 없습니다. 자녀가 라이벌이 되어버리는 것입니다.

아이가 생기면 아무래도 아이를 보살펴야 하는 시기가
있을 것입니다. 그럴 때 가정 안에서 고립되어 있다고 여기는
아버지가 있다면 이 또한 곤란하다는 점입니다.

또 한 가지 문제는 서로가 '남편과 아내'가 아니고 '아빠와
엄마'가 된다는 문제입니다. 자녀를 사이에 놓고 자녀의
관점에서 상대를 부르게 됨으로써 서로에 대한 두 사람의
생각까지 달라졌음을 의미합니다.

오래 같이 지내다 보면 두 사람 사이에 사랑은 없어지고 정만
남는다는 사람이 있습니다. 그리스의 철학자 아리스토텔레스는
"철학은 놀라움에서 시작된다"라고 했는데, 사랑도 마찬가지로
놀라움에서 시작됩니다. 자신과 전혀 다른 방식으로 느끼고
생각하고 행동한다는 것을 알게 됨으로써 인생이 즐거워지고
풍성해집니다. 그런 놀라움이야말로 사랑을 충만하게 하는
것입니다.

엄마 아빠라는 말에서 놀라움을 찾긴 힘듭니다. 서로를
서로로 불러주세요. 그리고 서로에게서 새로운 것들을
발견해나가야 합니다.

이 책의 처음에 말했을 겁니다. 연애는 젊은 사람들만의 특권이 아닙니다. 오래 함께하고 있는 사이라고 해서 연애의 즐거움이 불가능한 건 절대 아닙니다. 사랑을 한 번뿐인 에피소드로 만들어서는 안 됩니다.

3부 \

사람을 사랑한다는 것은

...

지금까지 연애와 결혼의 어려움과 문제들을 살펴보았습니다.
이야기를 그렇게 시작한 이유는 처음부터 '사랑이란 무엇인가'라는
정의에서부터 연애에 대한 사색을 시작하고 싶지는 않았기
때문입니다. 순탄치 못한 사례부터 시작하는 것이 어쩌면 더욱
설득력이 있을 것이라 생각했습니다. 우리들의 현실은 늘 이상과는
차이가 있으니까요. 그러나 지금까지 살펴본 문제점만 제거하면 모든
것이 순탄할 것이라는 이야기는 아니라는 점을 먼저 확실히 해두고자
합니다.

두 사람의 관계에서 무엇이 문제인지를 제대로 알기 위해서는 애당초
두 사람의 관계가 어떠해야 할지를 알 필요가 있습니다. 그런데
대부분의 커플들이 '어떤 관계를 맺어야 하는가'에 대해 구체적으로
알지 못하고 있지요. 사람을 사랑한다는 것이 어떤 의미인지, 어떻게
하면 되는지에 대해서는 별로 알려져 있지 않은 것 같습니다. 현재
상태가 어떻든 상관없이, 이건 이래야 한다, 이러고 싶다는 방향으로
눈을 돌리는 것은 말하자면 빛을 비추는 것과 비슷합니다. 어둠은
손에 잡히는 물건이 아니기 때문에 물리적으로 그것을 제거할
수는 없습니다. 어둠을 제거하려면 빛을 비춰주면 됩니다. 사랑도
마찬가지입니다. 문제를 해결하는 것도 필요하겠지만, 궁극적으로는
빛을 비춰주어야 합니다. 사랑이 무엇인지, 우리가 사랑으로 얼마나
행복할 수 있는지 알아야 한다는 얘깁니다.

사랑은 정신과
열정의 조화

사랑은 모름지기 '빠지는 것'이라고 생각하는 사람은
'사랑이란 무엇인가?'라는 질문을 하지 않습니다. 사실 '사랑이란
무엇인가?'라는 질문은 생각한다고 해서 대답이 나오진
않습니다. 그러나 대답하기 어렵다는 바로 그 이유 때문에,
질문하는 것과 질문하지 않는 것에는 큰 차이가 있습니다.

누군가를 사랑할 때 사랑이 무엇인지를 알아야만 하는가
하면 꼭 그렇지는 않습니다. 어느 날 문득 정신을 차리고 보니
어떤 사람에 대한 생각이 머릿속에서 떠나지 않고 자나 깨나 그
사람만 떠오르더라는 이야기는 자주 듣습니다.

사랑이 이렇게 자연스럽게 찾아오는 것이라면 그 사랑의

감정이란 자기 스스로 어떻게 할 수 없는 어떤 상태일 것입니다. 사랑이 자연적인 것이라고 본다면 관계가 순조롭지 않을 때 그 책임마저 자기가 부담하지 않아도 되는 것으로 외면할 수 있습니다. 어쨌거나 자신은 어떻게 할 수 없었다고 주장할 수 있기 때문입니다. 그리고 이는 스스로 관계를 재정립하는 역할도 할 수 없다는 이야기가 되어버립니다.

그러나 나는 그렇게 사랑이란 감정 뒤로 자신을 숨기는 것은 비겁한 일이라 생각합니다. 사랑은 찾아오는 것이지만, 우리에겐 사랑의 책임이 있습니다. 나의 사랑이 어떤 모양인지, 나의 사랑이 얼마나 활기찬지 모두 자신의 책임입니다. 그러니 지금 나의 사랑에 무슨 일이 일어나고 있는지 여유를 갖고 살펴야 합니다.

그러니 냉철하게 사랑해야 합니다. '냉철한 사랑'이라는 말은 모순된 표현이라고 말할 수밖에 없겠습니다. 하지만 플라톤은 일찍이 『파이드로스』에서 정신과 열정의 조화가 철학이라 했습니다. 그러나 묘한 것은 이 모순 속에 커다란 행복이 있다는 것입니다.

'이별의 이유'는
수도 없이 많습니다

몇 주 동안 업무 사정으로 전혀 만나지 못하다가 겨우 짬을 내서 만났는데 그로부터 헤어지자는 말을 들었다며, 도대체 왜 그러는 거냐고 질문해온 학생이 있었습니다. 그와 계속 만나던 중에 심정적으로 어떤 어긋남 같은 것이 있었다거나 싸웠다면 헤어지자는 이유를 찾을 수 있었을지 모르지만, 만나지도 않았으니 이유가 뭔지 감조차 잡을 수 없었다는 것이었습니다.

설령 다투거나 싸웠다고 해도 그것이 헤어지고 싶다는 생각을 하게 한 진짜 이유인가 하면 그렇지 않습니다. 싸움은 헤어지는 계기가 될지는 모르지만 이유는 아닙니다. 똑같은 계기로 헤어지지 않고 화해할 가능성도 있을 수 있기 때문입니다.

싸움이 결정적인 이별의 이유가 되는 건 아닙니다.
헤어지겠다는 결심을 과감히 밀어붙이거나, 혹은 자신의 변심을
설명하기 위해서는 뭔가 이유가 필요합니다. 이유가 있어야
상대를 설득하기도 쉬울 테니까요. 이유도 없이 헤어지고 싶다고
해봐야 상대는 납득하지 않습니다. 말하자면 뭔가 이유가 있어서
헤어지는 것은 아닙니다. 헤어지기 위해 이유를 찾고 있는
것입니다.

헤어질 이유를 찾으면서 예전에는 상대에게 끌렸던 이유가
이제는 헤어지기 위한 이유가 되는 경우도 있습니다. 착하고
온순해서 좋아했던 사람이 우유부단한 사람으로, 자신을
이끌어줄 든든한 사람이 지배적인 사람으로 그 생각이 바뀌게
됩니다. 매사에 꼼꼼하고 정확해서 호감을 가졌던 사람이 어느
날부터 사소한 일에 집착하는 까다로운 사람이라는 생각으로
바뀌는 경우도 있을 것입니다.

상대가 변했기 때문이 아닙니다. 이 사람과는 잘 지낼 수
없다고 생각했기 때문에 헤어질 이유를 찾다 보니 상대가 다르게
보이기 시작하는 것입니다.

연애에
'왜'는 없습니다

누군가를 사랑한다는 것이 어떤 의미인가를 생각해보자는 마당에 불쑥 이별 이야기부터 시작하게 되었습니다. 누군가를 사랑하는 데는 이유가 없다는 말을 하고 싶었기 때문입니다.

당신에게 좋아하는 사람이 있었다고 합시다. '왜 그 사람을 좋아하게 되었을까?'라는 질문에 딱 꼬집어 대답할 수 없지 않은가요. 굳이 말하자면 '이 사람을 좋아하기로 결심했기 때문'이라고밖에 대답할 수가 없을 것입니다.

물론 그 결심에 영향을 끼친 것처럼 보이는 조건은 있습니다. 사회적 능력과 지위일 수도 있고, 외모일 수도 있고, 성격일 수도 있습니다. 그렇다면 이러한 조건이 모두 없어져버리고 나면 더 이상 그 사람을 좋아하지 않게 되는 걸까요.

만약 그런 일이 생겨도 사랑한다면, 그 사랑에는 어떤 이유도 없었다는 의미가 되는 건 아닐까요. 저는 사랑은 사랑하는 이유의 문제가 아니라, 사랑하는 마음의 문제라고 생각합니다.

사랑은 이해타산이
아닙니다

사랑엔 이유가 없습니다. 그러니 사랑엔 이해타산도 존재하지 않습니다. 자신에게 이익이 될지 여부로 사랑을 선택하는 일은 없다는 의미입니다. 이 사람은 내게 있어서 유용한 사람인가를 생각하는 것은 응석받이로 자란 사람만의 특징이라고 할 수 있을 것입니다.

아들러는 "사랑의 파트너가 될 수 있는 사람은 다른 사람을 희생양으로 삼아 자신의 가치를 과대 포장할 필요를 느끼지 않는다"라고 했습니다. 다른 사람의 경제적인 조건으로 나의 가치를 높이는 사람은 파트너가 될 자격이 없는 사람이라는 얘깁니다. 배우자의 능력과 노력을 나의 가치를 높이는 데 이용하는 것은 사랑이 아니라는 얘깁니다.

사랑하는 사람은 가령 사회적인 지위가 높고 세상에서 훌륭한 사람이라는 평가를 받는 사람과 사귄다고 해서 자기도 덩달아 대단한 사람이라고 착각하지 않습니다.

누군가를 사랑하는 것은 언제부터인가 자연스럽게 그 사람을 사랑하겠다는 결심이 전부입니다.

사랑은 충동을
초월합니다

　사랑은 뭔가 충동적인 것이라고 생각하는 사람도 있습니다. 마치 누군가가 분노를 느끼거나 슬플 때 눈물을 흘리는 것처럼, 사랑은 억누를 수 없는 감정이라고 생각하는 것입니다. 그러나 사랑은 충동이나 본능에 의한 것이 아닙니다.

　사랑뿐이 아닙니다. 대부분의 감정과 행동은 억누를 수 없는 것이 아닙니다. 예를 들면 배가 고프다고 해서 남이 갖고 있는 음식을 빼앗거나 하지는 않을 것입니다. 오히려 아무리 배가 고파도 필요로 하는 사람이 있으면 그 사람에게 양보하려고 할 것입니다.

'나도 모르게 발끈했다'는 표현을 일반적으로 자주 쓰지만 분노가 자연스러운 것은 아닙니다. 사실은 '나도 모르게'가 아닌 것이죠. 사람들은 이 상황에서 분노의 감정을 표출할지 여부를 판단하고 행동합니다.

예를 들면 식당 종업원이 커피를 쏟아 양복을 망친 남자가 큰소리로 그 종업원에게 고함을 치는 장면에 대해 생각해 봅시다. 얼핏 보면 커피로 옷이 더러워진 것과 큰소리로 화를 낸 것 사이에는 어떤 식으로든 인과관계가 있는 것처럼 여겨집니다. 하지만 만약 커피를 쏟은 사람이 호감 가는 여종업원이었다면 남성은 화를 내기는커녕 웃으면서 '괜찮다'라고 말했을지도 모르는 일입니다. 그러니까 양복을 망친 남성은 화를 낼지 여부를 판단하고 나서 화를 내고 있는 것입니다. 분노의 감정도 결코 자연적인 것은 아닙니다.

사랑의 경우도 마찬가지입니다. 사랑에는 눈이 머는 것처럼 비합리적인 면도 있지만, 충동이 곧 누군가를 사랑하는 마음을 만들어내는 것은 아닙니다. 이 사람을 사랑하겠다고 하는 결심이 맨 처음에 있었다고 보는 것이 사랑과 연애, 결혼의 여러 현상을 적절하게 이해할 수 있게 해줍니다.

사랑은 충동을 초월합니다.

(저 사람은 싫지만
당신은 좋다고 말하는 사람을
조심하세요)

"저 사람은 싫지만 당신은 좋아"라고 하는 사람이 있습니다.
다른 사람을 사랑하지 않는 것이 상대를 사랑한다는
증명이기라도 하다는 듯한 말투입니다. 그러나 이것이 정말
사랑의 증명이 될까요.

에리히 프롬은 누군가를 사랑하는 것은 '능력'이라고
했습니다. 이 능력은 특정 누군가만을 대상으로 하는 것이
아니고 다른 사람을 배제하는 것도 아닙니다.

좋은 비유는 아닐지 모르지만, 자전거를 타는 능력에 비유할
수도 있겠습니다. 자전거를 탈 줄 아는 사람은 어떤 자전거라도
탈 수 있습니다. 물론 이 경우도 자전거에 대한 기호 같은 것은

있겠지만, 어떤 자전거를 탈지 선택하는 것도 자전거를 탈
능력이 있어야 가능한 일입니다.

사랑의 능력도 이와 같습니다. "저 사람은 싫지만 당신은
좋아"라고 말하는 사람은 사랑할 능력을 갖고 있다고 할 수
없습니다.

굳이 말하자면 "저 사람도 당신도 좋지만 당신이 더 좋다"라고
할 수는 있습니다. 여전히 이렇게 비교해도 되는지의 문제는
남아 있지만 말입니다.

"저 사람은 싫지만 당신은 좋아"라는 말을 들었다고
생각해봅시다. 나라면 사랑받고 있다는 생각이 들지 않을 것
같습니다. 왜냐하면 언젠가 똑같은 말을 다른 사람에게 하게 될
것이라 생각할 것 같기 때문입니다.

인도의 종교철학자 지두 크리슈나무르티(Jiddu Krishnamurti)는
『어린이들과의 대화』에서 다음과 같은 의문을 제기합니다.

"누군가를 몹시 사랑하고 있을 때, 그 사랑으로부터 다른
사람을 배제하는 것일까."

크리슈나무르티도 프롬도 똑같이 누군가를 사랑할 때 타인을

배척할 필요는 없다고 말하고 싶은 것입니다.

『국가』를 보면 플라톤은 소크라테스에게 술을 사랑하는
사람들은 온갖 술을 온갖 구실로 환영한다고 말하게 합니다.
특정 상표를 고집하는 사람은 그 상표의 술을 좋아할 뿐 진짜
술을 좋아한다고는 말할 수 없다는 의미겠지요. 고양이를
좋아하는 것으로 유명한 철학자 사콘지 사치코(左近司 祥子)는 이
소크라테스의 말을 인용하여 고양이를 좋아하다 보면 지저분한
고양이든, 복슬복슬한 페르시아고양이든 모든 고양이가
귀엽다고 합니다. 고양이를 좋아하는 사람이라면 쉽게 수긍이 갈
것입니다.

이쯤 되면 "저 사람은 싫지만 당신은 좋아"라는 말을 다시
생각하게 됩니다. 사랑은 '사랑할 줄 아는 능력'입니다. 사랑에는
이유가 없습니다. 그러니 사랑은 비교가 아닐 수밖에요.

(

아들러와
프로이트

)

크리슈나무르티는 "처음에 사랑의 감정이 있고 그런 다음
특정 누군가에 대한 사랑이 있는 것 아니겠습니까" 하며
전반적인 사랑과 특정 누군가에 대한 사랑을 구별하고 있습니다.
일단 사람을 사랑하지 못한다면, 다시 말해 프롬이 말하는
사랑하는 능력이 없다면 어떤 누구도 사랑할 수 없는 것입니다.

자, 또 하나의 유명한 금언이 있지요. "원수까지 사랑하라!"
사실 공부를 할수록 사랑에 대한 아들러의 입장도 예수와
비슷하다는 생각이 듭니다. 그러나 아들러와 공동으로 연구를
했던 프로이트는 예수의 이웃사랑에는 의문을 가졌습니다.
실제로 만약 "네 이웃이 너를 사랑하듯 네 이웃을 사랑하라!"

이렇게 말했다면 이견은 없을 것이라고 합니다.

　나도 묻고 싶습니다. 나를 사랑해주는 것도 아닌데 왜 내가 다른 사람을 사랑해야만 하는 거냐고 말이지요. 그러나 곧 만약 당신이 나를 사랑해준다면 나도 당신을 사랑하겠다는 것은 누구나 할 수 있는 것 아닐까 하는 생각이 듭니다.

　프로이트는 이웃사랑을 '이상적인 명령'이며 인간의 본성에 어긋난다고까지 생각했습니다. 얼굴도 모르는 사람은 사랑할 만한 가치는커녕 적의(敵意), 나아가서는 증오마저 불러일으킨다고까지 말합니다. 그러나 성숙한 아들러는 『인생의 의미에 대한 심리학』에서 프로이트의 입장이 사랑받을 생각만 하는 사람의 견해이며, 설사 누구로부터도 사랑받지 못해도 나는 이웃을 사랑할 것이라고 일축합니다.

　중요한 것은 사랑받는 것이 아니고 사랑하는 것이라는 생각에 대해서는 앞으로 차분히 고찰해가겠습니다. 여기서는 사랑은 자연적이고 충동적인 것이 아니라는 점만 알아두면 좋겠습니다. 또한 설사 이상적인 사랑이 현실과는 동떨어진 것이라 하더라도 사랑은 이래야 한다는 그 이상을 알고 품고 있으면, 현실의 사랑에 대한 태도 역시 바꿀 수 있다는 점을 지적하고 싶습니다. 도저히 그런 식으로는 사람을 사랑할 수 없다고 생각하겠지만, 이상이야말로 현실을 바꿀 수 있는 유일한 기준입니다.

(

처음엔
비인칭적인 사랑이 있습니다

)

　　정신과 의사 가미야 미에코(神谷 美惠子)는 젊은 시절 연인을
잃었습니다. 『삶의 보람에 대하여』라는 그의 작품에 다음과 같은
문장이 있습니다.

　　"이제는 결코, 결코 인생은 내게 있어서 다시 원래대로는
돌아갈 수 없을 것이다. 아아, 앞으로 나는 어떤 식으로 무엇을
위해 살아가면 좋단 말인가."

　　이 문장은 「장래를 함께 할 예정이었던 청년을 죽음으로
잃은 여자의 수기」에서 인용한 것으로 되어 있지만 이 수기는

당신의 사랑은 지금 행복한가요?

가미야 자신의 수기였음이 밝혀졌습니다. 가미야는 그 이후 남성은 물론이고 어느 누구도 비인칭으로(impersonal)만 사랑할 수 있게 되었다고 쓰고 있습니다. 비인칭적으로 사랑한다는 것은 편파적이지 않은 공평한 태도로 사랑한다는 의미지만, 가미야는 비인칭적으로밖에 사랑하지 못하는 자신의 상태를 질병이라고 말합니다.

이 비인칭적인 사랑의 반대편에 있는 것이 개인적인(personal) 사랑입니다. 크리슈나무르티의 표현으로 말하자면 '특정한 누군가에 대한 사랑'입니다. 사랑하는 사람을 잃은 가미야는 '특정한 누군가'를 사랑할 수가 없게 되었던 것입니다.

어느 날 가미야는 야스퍼스의 『세계관의 심리학』을 읽고 그 속에서 자신을 발견했습니다. 가미야 자신처럼 절대적인 사랑을 바친 남성을 잃은 소녀에 대한 기록이 있었는데 "그 이후로는 한 인간으로서 그녀가 개인적으로 만나는 사람은 없었다"라고 쓰여 있었습니다.

여기서 개인이란 영어로 하면 'individual', 그 의미는 일반적인 사람이 아니고 다른 누구도 아닌 '바로 이 사람'이라는 의미입니다.

개인으로서 사람을 사랑하기 위해서는 기본적으로

비인칭적인 사랑이 있어야만 한다고 나는 생각합니다.

앞에서 "저 사람은 싫지만 당신은 좋아"라는 말을 들어도 사랑받았다는 느낌이 들지 않는다고 썼는데, 그 이유는 '당신은 좋다'라는 '개인적인 사랑'의 표명이기는 해도 '비인칭적인 사랑'이 결여되어 있기 때문입니다.

당신을 포함하여 다른 사람도 사랑할 수 있지만(impersonal) 당신을 다른 누구보다 사랑한다(personal)는 것이 사랑의 원래 모습입니다. 비인칭적인 사랑이 개인적인 사랑의 기초가 되어야만 합니다. 개인적인 사랑이란 비인칭적인 사랑을 알고 난 뒤에 비로소 다른 사람으로 대체할 수 없는 유일무이한 내가 유일무이한 당신을 사랑한다는 것입니다. "저 사람은 싫지만 당신은 좋아"라고 말하는 사람이 사랑하는 당신은 유일무이한 당신은 아닙니다. 만약 마음이 바뀌면 금세 다른 누군가를 사랑하게 될 것입니다. 그런 의미에서 그 사람의 사랑은 진정한 사랑이 아닙니다.

(우연한 만남을
운명적인 만남으로)

    철학자 미키 기요시(三木清)는 『인생론 노트』에서 "필연이 되었든 우연이 되었든 모든 만남을 운명적이라고 여길 수는 없다"고 말합니다.

    사람과의 만남 그 자체가 우연의 산물이라는 것만큼은 틀림이 없습니다. 『열반경』 속 '눈먼 거북(盲龜)의 부목(浮木)' 이야기는 이렇습니다. 깊은 바다에 사는 커다란 눈먼 거북은 백 년에 한 번씩 수면에 그 모습을 나타냅니다. 그때 거북이 수면 위로 얼굴을 내밀려고 하는 바로 그 지점에 구멍 뚫린 나무토막이 떠 있는데 절묘하게도 거북이 그 구멍에 머리를 쏙 들이밉니다. 그 정도로 희박한 우연을 나타내는 말이지요.

사람과 사람이 만나는 어떤 인연이든 이 정도의 엄청난 우연의 사건입니다. 그리고 이 우연을 운명이라 여길 만큼 중요한 만남으로 만들 수 있습니다. 운명적인 사람은 존재하지 않습니다. 우리가 어떤 만남에 대해 이 사람은 운명적인 사람이다, 라고 결정하는 것입니다.

소설가 츠지 구니오(辻邦生)는 수필가 고다 아야(幸田文)를 만난 날의 일을 이렇게 이야기했습니다. 이날 두 사람은 '인연'이라는 테마로 대담을 했습니다. 츠지는 이때 50대 중반이었습니다. 그날 여름 기모노를 입은 고다는 품위 있고 청초한 분위기가 넘쳐흘렀다고 합니다. 고다는 등을 곧게 펴고 이런 식으로 이야기를 시작했습니다.

"오늘은 참으로 좋은 인연을 만났습니다. 이런 기회가 아니면 내가 츠지 씨를 뵐 인연은 아마 없었을 겁니다. 우리는 각자 전혀 다른 세계에 살고 있고 나이 차이도 큽니다. 역시 이것은 나의 77번째 여름에 얻게 된 하나의 고마운 인연이라 생각했기에 오늘 찾아뵈었습니다."

어떤 '기회'가 아니면 만날 수 없을 것 같은 사람을 이 인생에서 만난 데 대한 기쁨. 그때까지의 인생에서 어느 한 가지라도 어긋났더라면 만날 수 없었을 인연입니다.

만남이 있다고 해서 반드시 연애가 성취되는 건 아닙니다. 만남을 '인연'으로 이어갈 때, 만남은 우연 이상의 것이 됩니다.

취업 준비를 하는 학생도 모든 회사에 원서를 내고 입사시험을 볼 수는 없을 것입니다. 내 친구는 구직 중이던 어느 날 갑자기 쏟아진 비를 피하기 위해 잠깐 들어갔던 회사에 취직했습니다. 그날 비가 쏟아지지 않았다면 그 회사에서 일하겠다는 생각은 하지도 않았을 것입니다. 여기서 친구가 비를 피하는 것 외에 아무런 행동도 하지 않았다면 단순한 우연으로 끝났을 것입니다. 그러나 친구는 그 우연을 '인연'으로 끌어올렸던 것입니다.

연애도 모든 사람을 다 만나고 나서 비교 검토하고 이 사람과 사귀겠다거나 결혼하겠다고 결심하는 건 아닙니다. 우연한 만남을 필연적으로 운명, 인연으로 승화시킬지 여부는 전적으로 당신의 손에 달렸습니다.

(
첫눈에 반하는 건
없습니다
)

상대에 대한 인상이 자신의 착각에 불과하고 잘못되었다는
것을 깨닫는 데는 두세 마디 이야기를 나누는 것만으로
충분합니다. 이런 점에서 나는 '첫눈에 반하기'는 없다고
생각합니다.

철학자이며 프랑스 문학자인 모리 아리마사(森有正)가
『바빌론 강가에서』라는 작품에서 처음으로 여성에게 향수
비슷한 느낌과 동경, 그리고 번득이는 욕망을 느꼈을 무렵의
일을 기록하고 있습니다. 실제로 모리는 그 동경하던 여성과는
한마디도 말을 나눈 적이 없습니다. 아무런 대화도 나누지 않은

채 여름이 끝나고 그녀가 떠나버렸습니다.

그런 그녀임에도 불구하고 모리는 "완전히 주관적으로, 대상과의 직접적인 접촉 없이, 하나의 이상을 쌓아올렸다"는 것입니다. 하지만 이 이상은 말 그대로 실제 그녀가 아니고 이상에 불과합니다.

만약 모리가 그녀와 대화를 나눴더라면 모리의 내면에서 그녀의 원형은 무너져버렸을지도 모릅니다. 어떤 의미에서 모리는 그녀와 말을 주고받지 않기를 잘했던 것인지도 모를 일입니다. 그녀는 영원히 모리의 내면에서 원형으로서 계속 살 수 있을 것이기 때문입니다.

그러나 사귀는 사람이 이러한 원형이어서는 곤란합니다. 그것은 만남이라기보다는 대상화에 불과하기 때문입니다.

(

해후

)

종교철학자인 마르틴 부버에 의하면 세계에 대한 인간의
태도에는 두 종류가 있습니다. 하나는 '나-너'의 관계, 또 하나는
'나-그것'의 관계입니다. '나-너' 관계에 있어서 나는 당신을
인격적으로 대하지만 '나-그것'의 관계에 있어서 나는 당신을
대상(그것)으로 경험합니다.

대화도 나누지 않고 사람을 대상화하는 '나-그것'의 관계에
있어서는 상대를 볼 때 사물을 보는 것과 똑같이 대합니다.
이 두 관계의 결정적인 차이는 상대와 대화를 나누는지
여부입니다. 첫눈에 반하기는 이 '나-그것'의 관계에 해당합니다.
첫눈에 반하기에서 나는 상대와 대화를 나누지 않고 상대를

대상화합니다.

　다시 말해 상대 자신(너)을 보지 않고 과거에 알았던 사람에 대한 데이터를 기초로 유추해서 처음 만난 사람을 보고 있는 것에 지나지 않습니다.

　한편 '나-너'의 관계에서는 전(全) 인격으로 대합니다. 그 만남은 거리에서 누군가와 스쳐 지나갈 때와 같은 만남이 아닙니다. 이 만남에서 나는 당신과 만나 내가 '나(Ich)'가 됨으로써 상대에게 '너(Du)'라고 말을 겁니다. 이때야 비로소 두 사람이 해후(邂逅)하는 것입니다.

　만남이라고 해도 될 것 같은데 굳이 '해후'라는 어려운 단어를 사용하는 것은 그 만남이 특별한 것임을 강조하고 싶기 때문입니다.

　이러한 해후는 한 번만이 아니고 서서히 해후해나가는 일도 있습니다. 독일어에서 'du'는 친밀한 이인칭입니다. 보통은 상대를 'Sie(당신)'라고 부르는데 친해지면 'du'라고 부릅니다. 호칭을 언제 바꿀지가 두 사람에게는 중요한 문제가 됩니다. 그렇다면 우리는 언제 '당신(Sie)'이라고 부르는 데 위화감을 느끼게 되고, 또 언제 어느 한쪽 혹은 두 사람이 '너(du는 정확하게 "너"는 아니지만)'라고 부르는 걸까요. 상대를 '너'로 부르겠다는 용기와 나를 '너'로 불러도 된다는 수용이 필요합니다. 그런 관계가 되었을 때의 나는 더 이상 그 이전의 내가 아닙니다.
성서에는 다음과 같이 쓰여 있습니다.

"이제는 내가 사는 것이 아니라 그리스도가 내 안에서 사시는
것입니다."

서로 사랑하는 두 사람에 대해서도 똑같이 말할 수 있습니다.
이제 나는 혼자였을 때의 내가 아니고 사랑하는 사람에 의해
살아가는 나입니다.

사랑하는 사람이 내 안에 살아 있다는 느낌은 이해할 수 있을
것입니다. 부버의 표현에 의하면 이 순간에 다른 사람이 됩니다.
부버는 순간이라는 단어를 사용하지만, 언젠가 상대가 'du'가
되는 그때, 이제 두 사람은 상대 없이는 살아갈 수 없게 되는
것입니다.

사랑은
'흐름'입니다

프롬은『살아간다는 것』에서 '사랑'이라는 명사는
'사랑한다'는 활동을 추상화한 것에 지나지 않음에도 불구하고,
사람에게서 분리되어 하나의 실체가 되어버렸다고 지적하고
있습니다. '사랑한다'는 행위가 있을 뿐인데, 따로 '사랑'이라는
명사가 있는 것처럼 생각하는 것이 문제라는 지적입니다.

활동이나 과정을 '소유할' 수는 없습니다. 그런 것들은 단지
경험될 뿐입니다. 그렇기 때문에 사랑은 소유할 수 없고 경험될
뿐입니다. 그 경험은 소위 끊임없이 흐르는 것이고 시시각각
변화합니다.

사랑은 소유할 수 없는 개념이기 때문에 한번 누군가를

사랑했다고 해서 그걸로 끝나지 않습니다. 다시 말해 사랑은 그대로 유지되는 것이 아니라는 의미입니다.

사랑이 경험(삶)인 이상 사랑에는 갱신해나가는 노력이 불가결해집니다. 그러나 그 노력은 상대와 좋은 관계를 쌓는 것을 목표로 하고 있기 때문에 고통은 아닐 것입니다. 오히려 그것은 기쁨으로서의 노력입니다.

이처럼 사랑은 활동이며 과정이기 때문에 '소유'할 수는 없습니다. 그럼에도 불구하고 사랑을 '소유할 수 있는' 것으로 여기게 되면, 사랑받으려는 노력도 사랑하려는 노력도 하지 않게 됩니다.

사랑은 오직 사랑하는 것으로 존재한다는 사실을 잊지 마십시오.

체험되는
시간

(

)

사랑하는 노력을 하지 않았을 때, 두 사람 사이에 흐르는 시간은 '체험되는 시간'이 아닌 것이 됩니다. '체험되는 시간(Le temps vécu)'이라는 말을 사용한 것은 프랑스의 정신의학자 민코프스키(Eugène Minkowski)입니다. 노력하는 두 사람만이 같은 장소에서 체험되는 시간을 공유할 수 있습니다.

체험되는 시간의 반대말은 죽은 시간입니다. 통근전철 안에서 우연히 바로 옆에 있게 된 사람과 나 사이에는 아무 관계도 없습니다. 차창 밖의 경치를 바라보거나 책을 읽거나 스마트폰 화면을 들여다봅니다. 옆에 있는 사람과는 아무 관계도 없다는 것을 다른 사람에게 보이기 위해서입니다. 그럴 때 시간은 따로따로 흘러갑니다.

이에 비해 체험되는 시간은 공유되는 것입니다. 그 시간은 시계로 잴 수 있는 시간이 아닙니다. 철학자 와시다 기요카즈(鷲田清)의 말을 빌리자면 타인과 시간을 서로 엮어내고 똑같은 시간을 함께 경험함으로써 비로소 두 사람 사이에 관계가 생기는 것입니다.

상대를 사랑하고 있다고 해서 자동적으로 이 체험되는 시간을 공유할 수 있는 것은 아닙니다. 오히려 체험되는 시간을 공유할 수 있다고 느꼈을 때 사랑이라는 감정이 생긴다고 할 수 있는데 이것은 앞에서 살펴보았듯이 흐름이고 과정입니다.

같은 장소와 시간을 공유한다고 썼지만 똑같은 장소에 있지 않아도 이 시간은 공유할 수 있습니다. 앞에서도 썼듯이 철학자 와츠지 데츠로는 유학 중에 매일 아내에게 편지를 썼습니다. 아내가 읽는 편지는 남편이 한 달 전에 쓴 것이었지만, 편지를 읽고 있는 동안 두 사람은 체험되는 시간을 공유할 수 있었을 것입니다.

소유와
존재

    프롬은 인간이 살아가기 위한 두 가지 기본적인 존재방식, 즉 '갖는 것(소유)'과 '있는 것(존재)'을 구별하고 있습니다.

    나의 어머니는 49세 때 뇌경색으로 돌아가셨습니다. 오랫동안 의식이 없는 상태로 병상에 누워 계실 때 어머니를 간병하던 내가 생각한 것은 프롬의 말을 빌리자면 다음과 같은 것이었습니다.

    어머니처럼 움직이지 못하게 되었을 때 돈이나 명예를 '갖는 것'에는 아무 의미도 없게 되는 게 아닐까, 그럴 때도 과연 사는 의미가 있다고 생각할 수 있는 것일까.

    이 질문에 대한 답은 금방은 나오지 않았지만 프롬이 말하는

'소유'에서 '존재'로의 이행이 문제를 해결하는 열쇠가 된다고
생각했습니다.

"내가 갖고 있는 것이 나이고, 그리고 내가 갖고 있는 것을
잃으면 그때의 나는 무엇일까."

그러나 '존재' 양식에 있어서는 소유하고 있는 것을 잃어도
걱정이 없습니다. 왜냐하면 나는 갖고 있는 뭔가가 아니고
'존재하는' 바의 어떤 것이기 때문입니다.

"'소유'라는 관점에서, 갖고 있는 것은 사용함으로써 줄지만
존재하는 것은 실천에 의해 증가한다."

성서에 나오는 타도 없어지지 않는 '불붙은 장작' 이야기는
이 역설의 상징이라고 프롬은 말합니다. 어느 날 모세가 신의
산 호렙에 오자 활활 타오르는 장작 속에 야훼의 심부름꾼이
나타났습니다. 자세히 보니 이상하게도 불길이 장작을 핥고
있는데도 장작은 타서 없어지지 않았습니다.
　사랑은 전형적인 '존재'입니다. 인간의 사랑은 소유되는 것이
아니고 '존재'하는 것입니다. 고갈되지 않는 것입니다. 다만

끊임없이 '실천'해야 할 뿐입니다.

　질투는 사랑을 소유할 수 있는 것으로 생각하는 데서
비롯되는 감정입니다. 아무리 좋아하는 사람이라도 사랑은
'존재하는 것'이고 '흐르는 것'이기 때문에 상대를 소유하여
묶어놓을 수는 없습니다.

　마음이 변할 가능성은 언제든지 있습니다. 바로 그것을 알기
때문에 영원한 사랑을 맹세하는 것입니다.

(

영원한 사랑이란
'지금 여기'의 사랑

)

누군가를 좋아하게 되었을 때 이 사랑이 언제까지 계속될까
생각해보지 않는 사람은 없겠지요. 최종적으로는 죽음이 두
사람을 갈라놓게 되겠지만, 죽기 전에 헤어지게 되는 경우도
있을 수 있습니다.

좋은 관계에서도 혹은 바로 이 좋은 관계 때문에 두 사람의
사랑이 앞으로 어떻게 될지 불안해질 수도 있고 오래도록 행복한
순간이 계속되었으면 하고 바라겠지요.

그런데 이 시간도 '소유할' 수는 없습니다. 시간은 단지 '지금
여기'에서 경험될 뿐입니다. 과거는 이미 없고 미래도 아직 오지
않았습니다. 시간 역시 '소유하는' 것이 아니고 '존재하는' 양식

안에서만 경험되는 것입니다.

서로 사랑하는 두 사람은 영원한 사랑을 맹세합니다. 그러나 행복한 두 사람이 바라는 '영원'이란 지금이라는 순간을 무한하게 늘린 듯한 시간입니다. 그것이 사랑하는 사람의 영원입니다. 이 '영원'에 대해 프롬이 적절하게 표현하고 있습니다.

"사랑하는 것, 기쁨, 진리를 파악하는 경험은 시간 속에서 일어나는 게 아니고 지금 여기에서 일어난다. 지금 여기는 영원이다. 즉 무시간성이다."

사랑의 경험은 춤을 출 때의 기쁨과 비슷합니다. 춤은 춤추는 것 자체에 의미가 있습니다. 춤을 추는 행위를 이용하여 어딘가로 이동하려는 사람은 없을 것입니다. 춤을 춘 결과로서 어딘가로 움직이긴 하겠지만 이동을 목적으로 춤을 추는 일은 없습니다. 이동하는 것이 목적이라면 춤을 추지 않고 그냥 걸으면 되니까요.

또한 끝없이 계속 춤을 출 수는 없습니다. 음악이 멈췄을 때 춤은 끝납니다. 그러나 춤을 추는 바로 그때는 이 춤이 언제까지 계속될지 혹은 언제 멈출지 떠오르지는 않습니다.

아리스토텔레스는 『형이상학』에서 춤과 같은 움직임을
'에네르게이아(energeia, 현실태)'라고 부르고 있습니다. 이에 비해
'키네시스(kinesis)'라 불리는 움직임이 있습니다. 이 움직임에는
시작점과 끝점이 있고 끝점에 도착하기까지의 움직임은
아직 끝점에 도달해 있지 않았다는 의미에서 미완성이고
불완전합니다. 다른 한편 에네르게이아에 있어서는 '이루어지고
있다'는 것이 그대로 '이루어져버린' 것입니다. 춤과 같은
에네르게이아로서의 움직임은 어딘가에 도달하지 않아도
순간순간이 완전합니다.

산다는 것도 에네르게이아입니다. 젊은 사람에게 지금 당신은
인생의 어느 지점에 있다고 생각하느냐 물으면 반환점보다 훨씬
전쯤에 있다는 대답이 돌아옵니다. 그러나 아무도 자신이 몇
살까지 살지 알 수 없기 때문에 어쩌면 이미 오래전에 반환점을
지났는지도 모릅니다.

그러나 이것은 어디까지나 인생을 시작점과 끝점이 있는
운동(기네시스)으로 파악했을 때의 개념입니다. 살아 있다는 것을
에네르기아로 파악하면 인생의 '어디쯤'에 있는지는 아무 문제가
되지 않습니다. 인생은 항상 완성되고 있는 것이기 때문입니다.

사랑의 경험도 에네르기아입니다. 다시 말해 처음과 끝이라는 식의 뭔가가 있는 게 아니고 사랑의 어떤 단계나 완전한 것입니다. 지금 여기에서, 무시간성 안에서 일어나는 사랑의 경험에 있어서는 그것이 언제까지 계속되느냐는 조금도 문제가 되지 않습니다.

사랑의 경험을 통해 시간의 연장이 아닌, 무시간성으로서의 영원 안에 살아갈 수 있게 된 두 사람은 인생에 대해서도 다른 방식으로 바라볼 수 있게 됩니다.

인간은 언젠가 반드시 죽습니다. 그 죽음은 행복을 위협하는 어떤 것으로 나타납니다. 죽음이 두려운 것은 그것이 어떤 것인지 살아 있는 한 아무도 경험할 수 없기 때문입니다. 그러나 지금 자신이 사랑하는 사람과 영원 속에서 살 수 있다면 죽음이 어떤 것인지는 문제가 되지 않습니다. '지금 여기에' 사는 것만이 중요하기 때문입니다.

삶에 있어서 사랑의 경험은, 어쩌면 죽음이라는 궁극의 고독에 저항하는 것인지도 모르겠습니다. 그런 의미에서 사랑의 경험은 영원한 징조, 영원 그 자체라고 말할 수 있습니다.

성숙하지 못한 사람들의
사랑

돈이나 물건을 소유하는 데 집착하는 사람이 많습니다.
프롬은 『사랑한다는 것』에서 다음과 같이 말합니다.

"오로지 모으기만 하고 뭔가 하나라도 잃는 것을 두려워하는
사람은 아무리 많은 물건을 소유해도 심리학적으로 말하면
가난한 사람이다."

빈곤이 어느 정도를 넘어가면 줄 수가 없게 되고 주는
기쁨을 잃게 된다고 프롬은 지적합니다. 그러나 아무리
빈곤한 처지에서도 줄 수는 있습니다. 주는 행위는 물질의

영역이라기보다 인간적인 영역에 포함되어 있기 때문입니다.

물건이 아니면 무엇을 줄 수 있겠습니까. 프롬은 다음과 같이
말합니다.

"자기 자신을, 자신의 가장 중요한 뭔가를, 자신의 생명을
주는 것이다."

이것은 생명을 희생해서 준다는 의미가 아니고 자기 안에서
가장 힘차게 살아 숨 쉬고 있는 것을 준다는 의미입니다.

"자신의 기쁨, 흥미, 이해, 지식, 유머, 슬픔 등, 자기 안에
숨 쉬고 있는 것의 모든 표현을 상대에게 주는 것이다. 이처럼
자신의 생명을 줌으로써 사람은 타인을 풍요롭게 하고 자기
자신의 생명감을 고양시킴으로써 타인의 생명감을 높인다."

자식은 부모에게 사랑을 받습니다. 무조건적이고 무한합니다.
자식이 사랑받기 위해 해야 할 일은 아무것도 없습니다. 이
경험은 수동적인 것입니다. 뭔가 특별한 행동을 하지 않아도
자신이 살아 있다는, 존재하고 있다는 사실을 타인으로부터
인정받는 것은 자신이 가치 있는 존재라는 사실을 인정하는

중요한 출발점입니다.

부모는 보통 자식의 존재를 있는 그대로 받아들입니다. 살아 있다는 것을 그 자체만으로 받아들일 수 있다면 인생의 어떤 일도 긍정적으로 볼 수 있습니다. 문제가 있지만, 병이 들었지만, 부모가 생각한 이상형과는 다르지만 등 그런 것들은 문제가 되지 않습니다. 부모가 자식을 이렇게 보는 것을 가능하게 한다는 의미에서 자식은 그 존재 자체로 부모에게 공헌하고 있다고 말할 수 있습니다.

이윽고 자식에게는 오로지 부모로부터 사랑만 받을 것이 아니라 자기도 뭔가를 함으로써 사랑을 창출한다는 새로운 자각이 싹틉니다. 이를테면 작은 것이라도 뭔가를 선물하거나 시나 그림을 창작하는 행위를 생각합니다. 프롬은 이 순간을 다음과 같이 말합니다.

"태어나서 처음으로 사랑이라는 관념은 사랑받는 것에서 사랑하는 것으로, 즉 사랑을 창출하는 것으로 변한다."

어릴 때는 작아서 무력하기 때문에, 또 병이 있거나 해서, 또 착한 아이라는 것 때문에 사랑받으려고 하지만, 사춘기가 되면 사랑하는 행위를 통해 사랑을 창출해내는 능력을 자신의 내면에서 발견합니다. 프롬은 또 다음과 같이 말합니다.

"유치한 사랑은 '사랑받고 있기 때문에 사랑한다'는 원칙을
따른다. 미성숙한 사랑은 '당신이 필요하기 때문에 당신을
사랑한다'고 말하고, 성숙한 사랑은 '당신을 사랑하기 때문에
당신이 필요하다'라고 말한다."

성숙한 사랑에 도달하지 못하는 사람이 많은 것 같습니다.
당신이 필요하기 때문에 당신을 사랑한다는 생각은 누구나 할
수 있습니다. 그러나 당신을 사랑하기 때문에 당신이 필요하다는
생각은 해본 적이 없는 사람이 많을 것 같습니다.

성숙한 사랑을 아는 사람은 당신이 필요한 그 절절한 심정을
사랑하는 사람에게 말할 필요조차 느끼지 않을 것입니다.

（

사랑하는 사람은
주고받지 않습니다

）

'나는 받기만 하는 게 아니고 상대에게 주고 있다'라고
말하는 사람도 있습니다. 사랑은 기브 앤 테이크라고 주장하는
사람도 있습니다. 그러나 '당신에게 이만한 일을 했으니 그만큼
돌려받고 싶다'고 요구한다면 이것은 거래지 연애라고 할 수
없습니다. 연애를 하면서 기브 앤 테이크를 철저하게 따지다
보면 그 연애는 이상한 결과로 끝나고 말 것입니다.

연애뿐 아니라 거의 모든 대인관계가 사실은 기브 앤
테이크가 아닙니다. 저는 확실하게 그렇게 생각합니다.

실연이 고통스러운 것은 연애를 기브 앤 테이크로 생각하고
있기 때문입니다. 자신이 준 사랑에 대해 그에 상응하는 사랑을
받을 수 없기 때문에 괴로운 것입니다. 그러나 자신이 사랑하는
것처럼 상대로부터 사랑을 받지 못한다는 것을 알았다고 해서 그
사랑을 포기해야 하는가 하면 반드시 그렇지는 않습니다. 상대가
자신을 어떻게 생각하고 있든 그것과는 관계없이 상대를 사랑할
수 있는 사람에게 실연은 존재하지 않습니다.

내가 아니라도 상관없었다는 사실을 알았을 때, 상대의
마음속에 애당초 자신이 존재하지 않았음을 알았을 때, 즉시
상대를 포기할 수 있는 거라면 아무도 괴로워하지 않을 겁니다.
즉각 다음 상대를 찾으면 되니까요. 실연의 고민은 상대에게
거절당하고 나서도 포기할 수 없기 때문에 생깁니다. 그러나
상대가 자기를 어떻게 생각하든 사랑할 수 있는 사람에게는
원칙적으로 실연 자체가 존재하지 않습니다.

(

타자에게 열리는
나

)

　　사람이 누군가를 좋아하게 되는 것은 사람이 관계 안에
살고 있기 때문입니다. 인간(人間)이란 본디 '사람(人)과의
사이(間)'에 존재하는 것이기 때문에 사람이란 혼자서는 인간이
될 수 없습니다. 신학자인 야기 세이이치(八木誠一)가 『진정한
삶을 찾아서』에서 제기한 프론트 구조 이론에서는 다음과 같이
설명합니다.

　　프론트 구조 이론에서 사람은 사각형으로 표현됩니다.
사람은 타자와 접할 때 이 사각형의 어느 한 변, 즉 '프론트(면)'로
접하고 있는데 이 사각형의 네 프론트 중 하나는 실선이 아니고

점선으로 되어 있습니다. 이 점선으로 되어 있는 프론트는 타자에게 열려 있고, 사람은 타자와 접할 때 이 점선으로 만들어진 프론트로 접하게 되는 것입니다. 그리고 이 프론트는 다른 사람의 프론트를 접함으로써 막힙니다.

아기는 어머니의 보살핌을 받습니다. 그 어머니는 남편을 의지합니다. 그러나 그 남편도 아내를 의지합니다. 아기도 그냥 부모를 의지하기만 하는 존재가 아닙니다. 부모에게 버팀목이 되어줄 수 있습니다. 밤늦게 돌아왔을 때 아기는 이미 자고 있겠지만 그 아이의 자는 얼굴을 보면 피로가 풀립니다. 그때 아이는 부모를 버티게 해주는 존재입니다.

이런 관계에서 사람은 자기 혼자만으로 완결되는 존재가 아닙니다. 완전한 존재가 아니라 다른 사람에게 자신의 프론트를 보충해주어야만 인간으로서의 삶이 성립합니다. 그런 의미에서 사람은 다른 사람과 이어져 있는 것입니다.

연애관계에 있는 두 사람도 마찬가지입니다. 이제 혼자만으로 살아가는 게 아니고, 혼자서는 살아갈 수 없다는 생각을 하게 됩니다.

그러나 이게 전부라면 의존관계가 되어버립니다. 정신적으로 자립해야만 합니다. 자신을 완성하기 위해서는 타자를 필요로 하고 자신도 또한 타인에게 버팀목이 되어줄 필요가 있습니다.

자신을 완성시켜주는 이 상대야말로 중요한 사람입니다.

사랑하는 당신은
유일한 사람

프론트 구조 이론에서 누군가를 사랑하는 당신에게 그
누군가는 둘도 없는 존재가 되겠지만, 그를 사랑하는 당신 역시
그에게 프론트가 됩니다. 당신이 사랑하는 상대에게 있어서는
둘도 없는 당신인 것입니다.

직장에서라면 나 대신 일할 사람은 얼마든지 있습니다.
자기 직업에 대해 확고한 긍지가 있는 사람이라면 이런 주장을
인정하기 어려울지도 모르지만, 더구나 자기가 없으면 당장
업무가 순조롭게 돌아가지 않을 거라고 생각하겠지만, 실제로
그런 상황은 일어나지 않습니다.

정말 유능한 사람은 교육자이기도 하기 때문에 처음 얼마

동안은 자기가 도맡아 했던 업무라도 그것을 다른 사람도 할 수 있도록 공유하거나 교육할 것입니다. 만약 자기가 없으면 직장이 돌아가지 않는 상황이라면 후진을 육성하지 않았다는 의미에서 그 사람은 무능하다고 말할 수 있습니다.

그런데 연애에서는 자기 대신이 되어줄 사람이 있어서는 안 됩니다. 실연이 왜 괴로운가 하면 꼭 내가 아니라도 좋았다는 사실을 알게 되기 때문입니다.

반대로 파트너에게 선택을 받은 사람은 그 파트너에게 있어서 자신이 아무도 대신해줄 수 없는 존재임을 알 수 있기 때문에 기쁜 것입니다.

한편 자신이 상대에게 연인으로 선택받았다는 것을 기뻐하고 그것을 계기로 비로소 자신감을 가질 수 있었다면 어떤 면에서는 자신의 가치를 상대에게 의존하는 것이 되고 맙니다. 당연한 말이지만 상대에게 인정을 받지 못했다고 해서 자신의 가치가 없는 것은 아닙니다.

사랑받지 못하는
쓸쓸함

자신이 누군가에게 사랑을 받음으로써 상대 안에 소중한
사람으로 존재한다는 것을 알게 되었다면 기쁜 일임에
틀림없습니다. 하지만 이때 두 가지 문제가 동시에 발생합니다.

하나는 상대의 마음속에 자신이 존재하기를 원하다 보면
상대에게 사랑받기를 기대하게 되고 나아가서는 자신이 상대를
사랑하듯이 상대도 자신을 사랑하기를 요구하게 된다는
점입니다. 상대로부터 사랑을 받을지 여부는 상대의 마음이
정하는 일이지 자신이 정할 수는 없습니다.

자기가 상대를 사랑하는 것과 똑같이 상대가 자기를
사랑하지 않을 경우 자기도 더 이상 상대를 사랑하지 않겠다고

마음먹는다면 그것은 일종의 거래입니다. 사랑은 거래가 아닙니다. 연애에서 기브 앤 테이크가 성립되지 않는다는 것은 이미 살펴보았습니다.

또 하나의 문제는 상대의 마음속에 자신이 존재하지 않는다고 해서 스스로를 가치가 없는 사람이라고 여기게 되는 것입니다. 자신의 존재가치가 상대에 의해 결정되어버린다는 의미에서 무척이나 안타깝고 어리석은 일입니다.

상대의 마음속에 자신이 존재하기를 원하는 것이, 상대에게 중요한 존재이기를 바란다는 단순한 의미라면, 크게 문제가 되지 않습니다. 그러나 자신의 존재가치 자체가 상대가 자신을 어떻게 생각하는지에 의해 결정되어버린다면 문제입니다.

연애관계뿐 아니라 모든 대인관계에서 상대가 자기를 어떻게 생각하는지는 자신의 가치와는 그 어떤 관계도 없습니다.

(의존관계가
되지 않으려면)

중요한 것은 '나는 혼자서도 살 수 있다. 하지만 혼자보다는 둘이 경험을 공유하는 기쁨에 의미를 더 크게 둘 수 있다'라고 생각해야 한다는 점입니다. 서로가 그런 생각을 가질 수 있다면 두 사람은 의존관계가 아닌 이상적인 사랑의 관계를 쌓을 수 있습니다. 거듭 말하지만 상대에게 사랑을 받지 못한다고 해서 자신의 가치가 사라지는 것은 아닙니다. 상대가 사랑해주기 때문에 비로소 자기가 존재하는 것도 아닙니다. 상대의 존재가 자신의 존재를 강하게 만들어준다고 생각해야 하는 것입니다.

가미야 미에코는 『삶의 보람에 대하여』에서 다음과 같이 말합니다.

"사랑으로 사는 사람은 상대가 감사를 하든 말든 상대의
생을 위해 자신이 필요하다고 느낄 때 살아 있는 보람을 강하게
느낀다."

　사람은 누군가에게 도움이 되고 있다는 것을 느낄 수 있다면,
그래서 뭔가 작게라도 공헌하고 있다는 느낌을 가질 수 있다면,
가치가 있다고 생각합니다. 아들러는 말합니다.

"인간은 스스로에게 가치가 있다고 느낄 때라야만 용기를
가질 수 있다."

　여기서 말하는 용기란 관계 안으로 들어가는 용기를
말합니다. 왜 관계의 고리 안으로 들어가는 데 용기가 필요한
것일까요? 상대가 반드시 자신의 생각을 받아들여줄 것이라고
장담할 수 없기 때문입니다. 거절당할 수도 있습니다. 그래서
거절당하고 상처를 받을 바에야 관계 속으로 뛰어들기를 차라리
포기하겠다고 결심합니다.
　그러나 그런 결심을 하기 위해서도 이유는 필요합니다.
그래서 용기를 내지 못한 사람은 그 이유로 '나는 아무 가치가
없어'라고 생각하는 것입니다. 나도 나를 좋아하지 않는데

어떻게 다른 사람이 자기를 좋아하겠어, 라고 생각함으로써
대인관계에 뛰어들 용기가 없는 스스로를 납득시키고
정당화하려고 합니다.

　연애관계도 마찬가지입니다. 연애관계를 유지하고 있어도
그 관계가 순조롭게 이어지지 않을 것 같은 불안과 상처에 대한
두려움 때문에 스스로 가치가 없다고 지레 생각하는 것입니다.

　상대에게 인정받는 것에 지나치게 신경을 쓰는 사람은
상대가 자기를 인정해주지 않는다는 것을 알면 더 이상 상대를
위해 공헌하겠다는 생각을 하지 않게 됩니다. 자신의 마음을
받아들이게 하기 위해 노력해온 사람이 상대가 호의를 갖고
있지 않다는 것을 안 순간, 손바닥 뒤집듯이 떠나는 것도
그래서입니다. 사랑받고 싶기 때문에 그런 모습을 보였을
뿐이라는 의미입니다.

　사랑을 아는 사람은 상대에게 보상을 요구하지 않습니다.
가미야가 말하듯이 자신이 상대의 삶을 위해 필요한 존재가 되고
있다고 생각하면, 상대에게서 감사의 마음을 확인받지 못해도
자신에게 가치가 있다고 생각할 수 있는 것입니다.

　타인을 사랑하는 사람에겐 상대가 자신을 필요로 하고 있다는
자각조차 필요하지 않습니다.

(자기중심성으로부터의
탈피)

자신이 사랑을 받고 있는지 여부를 중요하게 생각하고, 타인이 자신을 어떻게 생각하는지 신경 쓰는 등 자기중심성에 사로잡히는 것은 연애에서 많은 문제를 일으킵니다.

인간이란 세상에 갓 태어났을 때만큼은 부모의 보호가 없으면 그 누구도 살아남을 수 없습니다. 그렇기 때문에 갓난아기 때는 스스로를 세계의 중심이라고 생각합니다. 하지만 언젠가는 자신이 이 세상의 중심이 아님을 알아야만 합니다.

자기는 아무것도 하지 않고 받는 것이 당연하다고 생각하며 살아온 응석받이 자녀는, 어른들이 자신을 보살펴주는 한, 어른들을 자신의 동지라고 생각할 것입니다. 그러나 이윽고 혼자서 할 수 있는 일이 하나둘 늘어나면서 어른의 보살핌은 점점 줄어듭니다. 그럴 때 아이는 어른이 자신의 기대를 채우기 위해 살고 있는 것이 아님을 알게 됩니다.

자식을 자립시키기 위해서는 이 세상에는 다른 사람들도 살고 있다는 사실을 알게 해줄 필요가 있습니다. 그런 건 당연한 일 아니냐고 생각하는 사람도 있지만, 남들도 자신과 똑같은 자격으로 살고 있다는 것을 모르는 사람이 적지 않은 듯합니다.

다른 사람도 나와 똑같은 자격으로 살고 있습니다. 타인을 수단으로 여겨서는 안 됩니다. 타인은 자신의 기대를 채우기 위해 살고 있는 것이 아닙니다. 자기가 기대했던 대로 타인이 움직이지 않는다고 해서 화를 낼 이유는 없습니다. 자신에 대해서도 똑같이 말할 수 있겠습니다. 다른 사람의 기대를 채워주어야만 할 이유는 없습니다.

사람들은 이 세상에 자기 이외의 인간이 살고 있다는 사실을 언제 알게 될까요.

그것은 누군가를 사랑하기 시작했을 때입니다.

다른 사람의 존재를 의식하지 않았던, 적어도 자신에게 중요한 존재가 아니었을 동안은 무슨 행동을 하거나 생각을 하거나 할 때, 인생의 주어는 언제나 '나'입니다. 손에 잡으려 노력하는 행복 역시 '나의 행복'입니다.

그런데 누군가를 사랑하기 시작하면서 인간은 이런 상태에서 탈피하게 됩니다. 인생의 주어가 '나'에서 '우리'로 변합니다.

진정한 사랑을 깨달은 사람은 '나' 혼자만 살아봐야 의미가 없다는 생각을 하게 됩니다. 누군가 사랑하는 사람이 있어야 비로소 살아갈 가치가 있다고 생각하기 시작하는 것입니다.

자립이란 결코 혼자 사는 것, 자신의 일을 자기 혼자서 처리할 수 있게 되는 것만은 아닙니다. 오히려 '나'를 위해서가 아니라 '우리'를 위해 생각하고, '내'가 아니라 '우리'의 행복을 달성한다는 과제에 맞닥뜨리게 되는 것이 바로 자립입니다.

공명하는
사랑

주어를 '우리'로 하기 위해서는 극복해야 할 문제가 많습니다.

두 사람이 아무 관계도 아니라면 아무 일도 일어나지

않겠지만, 두 사람이 가까워지면 어느 한쪽 혹은 쌍방이 상대를

지배하려고 들 수 있습니다. 거리가 지나치게 가까운 나머지

서로 의존관계가 되는 일도 있습니다.

다른 사람을 지배하려고 하지도 않고, 그렇다고 자신을

희생해가면서 남에게 맞추는 것도 아니고, 있는 그대로의

자신으로 자립하고 있으면서, 서로에게 유일한 존재가 되는

관계. 이런 관계를 가질 수는 없는 걸까요.

모리 아리마사의 글에 이런 것이 있습니다.

"릴케의 이름은 내 안의 감춰진 부분에 공명을 불러일으키고
자신이 정말 원하는 것이 무엇인지 또 자신이 얼마나 멀리
그것으로부터 떨어져 있는지를 동시에 그리고 어김없이
명확하게 느껴 알게 해준다."

「릴케의 공명」이라는 글의 일부입니다. 모리는 릴케라는
시인의 이름을 듣기만 해도 자신의 내면에 어떤 '공명'이
일어난다고 말하고 있습니다.

모리가 말하는 이 공명이 관계를 만들어가는 힌트가 됩니다.
지배하거나 지배당하는 관계가 아니고 두 사람이 완전히 자립한
상태에서, 그러면서도 상대에게 공명을 이끌어내고 또 공명이
일어나는 관계.

'완전히 자립한 상태'라고 썼지만 이것은 서로 관계가 없다는
의미가 아닙니다. 공명을 불러일으킬 수 있을 것 같은 뭔가를
가진 사람이 자신과 똑같은 진동수를 가진 사람에게 공명을
불러일으키는 것입니다.

사람은 결코 혼자서 살 수 있는 존재가 아니고 타인과의
관계 안에서 살아갑니다. 타인에게 의지하면서 동시에
자신도 타인을 지탱해주며 살아가는 것입니다. 이런 상태를
'상호의존 상태'라는 말로 표현하고 싶습니다. 이것은 소위

'공의존(共依存)'이 아닙니다.

상호의존 상태에서 각자는 자립하고 있습니다. 다만 존재의 차원에서 홀로 완결되어 있는 것이 아니고 타인을 필요로 합니다. 타인도 자신을 필요로 하기 때문에 자기 자신 역시 타인에게 의지가 되어주어야 합니다.

이런 의미에서의 상호의존 상태에서 타인과의 관계는 공명이라는 형태로 성립합니다. 거기에 지배, 피지배 관계는 없습니다. 상대의 내면에서 공명하고 자신 또한 공명합니다.

이렇게 하여 비록 늘 같이 있지는 않아도, 또한 멀리 떨어져 있어도 서로에게 영향을 줄 수 있습니다.

독일의 작가 루 살로메(Lou Andreas-Salomé)가 정열적으로 접촉했던 남성들은 살로메로부터 영감을 얻고 얼마 후에는 작품을 완성했습니다. 그녀와 친교가 있었던 니체도 릴케도 살로메로부터 영감을 받아 책을 쓰고 시를 썼습니다.

새로운 사랑이 시작됨으로써 읽는 책이 변하고 듣는 음악이 달라지는 경험을 해본 사람은 많을 것입니다. 이 변화는 자발적으로 일어납니다. 강요된 것도 아니고, 그 사람에게 처음 관심을 갖기 시작했을 때부터, 보다 정확하게 말하면, 그 사람이 관심을 갖는 어떤 것에 대해 관심을 갖기 시작했을 때부터 공명이라는 형태로 자신의 내면에 변화가 일어나는 것입니다.

이 공명은 '파장이 맞는다'라고 하면 이해하기 쉬울지 모르겠습니다. 책을 읽고 있을 때, 그 책을 처음 읽기 시작했을 무렵에는 도무지 그 내용을 이해할 수 없는 경우가 있습니다. 그래도 한동안 더 읽어나가다 보면 문득 작가와 파장이 맞아 그 순간부터 작가가 하고 싶은 말을 이해하게 되는 경우가 있습니다. 이것도 공명의 한 형태라고 할 수 있을 것입니다.

아들러 심리학에서 중요한 개념의 하나로 공동체 감각이라는 것이 있습니다. 아들러는 『개인심리학 강의』에서 공동체 감각에 대해 정의하기를 "타인의 눈으로 보고 타인의 귀로 듣고, 타인의 마음으로 느끼는 것"이라고 했습니다. 이 중에 '타인의 마음으로 느끼는 것'은 '공감'이라고 할 수 있습니다. 그리고 공감이 있을 때 두 사람 사이에 공명이 일어나는 것입니다.

사랑이나 결혼에 대한 준비가 적절한 사람이 많지 않은 이유는, 그들이 자라면서 공동체 감각을 배우지 못했기 때문입니다.

사랑은 두 사람이 서로 공명하고 서로의 마음으로 느낄 수 있는 관계에서 비로소 성립합니다.

사랑은
자유를 원합니다

　사랑은 자유를 원합니다! 강의할 때 학생들에게 이렇게
말하면 대개는 말도 안 된다고 일축해버립니다. 하지만 자기가
좋아하는 사람이, 자기가 아닌 다른 사람과 있어서 행복하다면,
그것을 기뻐하는 것이 사랑입니다. 아들러는 "자기 자신보다
사랑하는 파트너의 행복에 더 관심이 있는 것이 중요하다"고
했습니다.

　〈마지막 춤은 나와 함께〉라는 노래가 있습니다. "당신이
좋아하는 사람과 춤을 추세요, 하지만 마지막 춤은 나였으면
좋겠어요"라고 하는 노래입니다. 자신감이 없는 사람은 상대가
자기로부터 도망치지 못하도록 상대를 얽어매려고 하지만

상대를 속박하는 것이 오히려 상대를 자신으로부터 멀어지게
한다는 것을 알아야 합니다. 모리 아리마사의 『사막을 향해』 속
한 구절은 이렇습니다.

"사랑은 자유를 원하지만 자유는 필연적으로 그 위기를
심화한다."

상대에게 속박되지 않고 자유롭다고 느낄 수 있을 때, 그렇게
느끼도록 허용해준 사람에게 사랑을 강하게 느낍니다. 사랑은
자유를 원합니다. 물론 속박하지 않고 자유롭게 지내는 것을
상대에게 허용하면 상대의 관심이 다른 사람에게로 옮겨가 내가
아닌 다른 사람을 사랑하게 될지도 모릅니다. 하지만 그렇다고
해서 상대를 얽매면 결과적으로 사랑의 모습과는 동떨어진
모습이 되어버립니다.

자유가 주어졌다고 해서 반드시 다른 사람에게 관심이
옮겨가는 것은 아닙니다. 오히려 서로 자유로울 때 비로소
진정한 사랑이 성취되는 것입니다. 그럴 때 두 사람 사이에
일어나는 것이 공명입니다.

구속은 사랑의 모습이 아닙니다. 사랑의 모습은 자유입니다.

용기 있는 사람만이
사랑을 쟁취한다는 말의
진실

아들러는 "용기가 있는 사람이 훌륭한 사랑의 파트너가 된다"고 합니다. 그런 사람은 사랑을 잃을까봐 두려워하지도 않고, 상대의 인생이 풍요롭기만을 바라기 때문이라는 것입니다.

"사랑을 확고한 것으로 만드는 유일한 방법은 파트너의 인생을 풍요롭게 하고 안락하게 하는 것임을 배워야 한다."

여기서 아들러가 '자신의' 인생을 풍요롭게 하고 안락하게 하는 것이라고 말하지 않았다는 점에 주의해야 합니다. 사랑을 아는 사람은 나 자신보다 사랑하는 파트너의 행복에 더 관심이

있습니다. 이것이 바로 앞에서 살펴본 공동체 감각이라는
것입니다.

아들러는 『인생의 의미에 대한 심리학』에서 '우정의 훈련'을
받는 것이 결혼 준비이기도 하다고 말합니다. 우정을 쌓는 것을
통해 공동체 감각을 발달시킬 수 있기 때문입니다.

나는 상대에게 무엇을 할 수 있을까를 생각하고 상대의
인생을 풍요롭게 하는 것이 사랑이라면, 사랑을 잃는 것조차
두려워할 필요는 없습니다. 물론 이것은 자신을 희생한다는
의미는 아닙니다. 『사람은 왜 신경증이 되는가』에서 아들러는
다음과 같이 말합니다.

"상대에게 '준다'는 태도를 가질 수 있을 때만 성공하는 것이
사랑과 결혼에서 불변의 법칙인 것처럼 보인다."

4부

행복해지기 위해 알아야 할 사랑의 기술

...

두 사람의 관계에 어떤 문제가 생겼을 때 그 문제만 제거하면 관계가
좋아질까요? 그렇지 않습니다. 문제를 해결한 뒤에 어떤 관계를
구축하는가가 중요합니다. 분명한 전망을 갖지 못하면 문제가 사라진
시점에서 또 다른 문제가 생길 가능성이 높기 때문입니다. 사랑의
문제는 능력의 문제이고 나아가서는 기술의 문제입니다. 4부에서는
두 사람의 관계를 어떻게 가꾸어나갈지 구체적으로 살펴보도록
하겠습니다.

정확한 말로
표현하세요

　사랑은 언제 어떻게 시작될까요? 꼭 고백해야 할까요? 만약 그렇다면 어떻게 말해야 할까요?

　어떤 말로 고백해야 할지 모르겠다는 학생이 상담을 청해온 적이 있습니다. 그 친구는 이렇게 묻더군요. "간단하게 '당신을 좋아합니다'라고 말할까 생각하는데 어떨까요?" 그에 대해 나는 다음과 같이 대답했습니다.

　"그랬다가는 '아, 그래요?' 하는 대답만으로 끝나버릴 것 같은데요. 왜 사귀고 싶은지를 분명하게 말해보는 건 어때요?"

　'당신을 좋아합니다'라는 말은 아주 분명한 말입니다. 자신의 마음에 대한 확실한 표현이고, 정확한 묘사이지요. 하지만

그 짧은 말이 상대의 가슴을 울리고, 그곳에 담길 가능성은
적습니다. 왜냐하면 그 말은 자신의 생각을 전할 뿐, 상대에 대한
어떤 생각도 담겨 있지 않기 때문입니다.

그러니 '당신을 좋아합니다'라는 말을 들은 상대는
'그래요?'라고 대답할지도 모르겠습니다. 만약 정말로
'그래요?'라고 엉뚱한 표정을 지으며 되물으면 어떻게 대응해야
할까요. 참 난감합니다.

예를 들면 누군가가 '오늘은 덥네요' 하고 말했을 때 그것은
단지 덥다고 말하는 것이 아니고 '더워서 창문을 열었으면
좋겠다'라든가 '에어컨 설정 온도를 조금 더 낮춰주지
않겠습니까?'라는 의미일 수 있습니다. 눈치가 빠른 사람 같으면,
즉각 그 말의 의도를 이해하고 창문을 열거나 에어컨 온도를
낮추는 등 즉각적인 조치를 취해줄지도 모릅니다. 그러나 항상
그런 기대를 할 수는 없습니다.

'배가 고프다'는 말도 마찬가지입니다. 이 경우에도 '먹을
만한 뭔가를 만들어주지 않을래?'라든가 '뭔가 먹을 걸 사다주지
않을래?' 등의 의미가 담길 수 있는데, 그것도 분명하게 말로
표현하지 않으면 상대에게 내 뜻이 제대로 전달되지 않습니다.
어쩌면 '배가 고파'라고 하는 말을 듣고, '그래? 나도 그래' 하는

아주 건조한 대답이 돌아올지도 모릅니다. 대답이 마음에 들지 않는다고 상대를 책망할 수 없습니다.

그러니 상대가 뭔가를 해주기를 바란다면 정확하게 표현해야 합니다. 물론 '뭔가 만들어주지 않을래?'라고 말해도 상대가 그 부탁을 들어줄지 말지는 알 수 없습니다. '직접 만들지 그래' 하고 쌀쌀맞은 대답을 듣게 될지도 모릅니다. 하지만 말해볼 가치는 충분하다고 생각합니다.

그랬더니 이번에는 학생이 이렇게 묻더군요.

"알겠습니다. 그럼 '나를 좋아해주지 않을래요?' 하고 말하는 건 어떨까요?"

이 질문은 '예'나 '아니오'로 대답할 수 있는 아주 분명한 질문입니다. 조금 전 상대가 알아들을 것을 기대하는 고백의 방식보다는 바람직하다고 할 수 있겠지만, 조금 달리 생각해보면 '예'나 '아니오' 외에는 달리 대답할 방법이 없는 공격적인 질문이기도 합니다. 이 갑작스러운 질문에 상대가 그 자리에서 바로 '그래'라고 대답할 가능성이 있을까요. '아니오'라는 대답을 들을 확률이 더 높지 않을까요. 어쩌면 '나는 당신이 싫어요'라는 대답으로 돌아올 수도 있지 않을까요.

'싫다'는 말을 들으면 오히려 납득할 수 있을 것입니다.

왜냐하면 이처럼 똑 부러지는 대답을 할 수 있다는 건, 상대와
당신 사이에 이미 관계가 형성되어 있고, 교류가 진행되었다는
것을 의미하기 때문입니다. '난 당신을 잘 모릅니다'라는 말을
듣는 것보다는 관계가 훨씬 가깝다고 할 수 있습니다. 또한
'싫다'는 말을 듣고도 '그럼 내가 어떻게 하면 싫지 않을 수
있을까요?' 하고 다시 물을 수도 있겠습니다.

　　연애관계를 시작하는 데 있어서 맨 처음에 꼭 이런 식으로
자신의 마음을 상대에게 고백해야 하는 건지부터 생각해
봐야 하겠습니다. 연애에는 사랑의 고백이 따르게 마련이라고
생각하는 사람이 적지 않겠지만 반드시 그런 것은 아닙니다.
　　서로의 마음을 잘 알지 못해도 두 사람의 관계를 시작할
수 있습니다. 상대에 대한 감정은 오히려 사귐이 시작된 후에
알 수 있는 것입니다. 친구 사이를 떠올려봅시다. '우리 친구
할까?'라는 말로 친구가 되던가요. 그런 친구가 있나요. 마음이
맞아 자주 만나다 보니 친해지지 않았나요. 우정도 연애도
대인관계라는 점에서는 기본적으로 큰 차이가 없습니다. 그렇기
때문에 연애의 경우도 그래야 한다고 나는 생각하고 있습니다.
　　고백은 사귐 이후의 일이라 생각합니다. 사랑은 말을
쌓아나가는 것이 아니니까요. 사랑은 시간을 쌓아나가는

일이니까요. 상대에 대한 나의 생각을 담을 수 있는 시간을 그의 곁에서 보내는 일, 그 시간 속에 함께의 경험을 담는 일, 그것이 가장 훌륭한 고백이라고 생각합니다.

(

대등한
관계

)

우리는 이미 사랑과 존경을 강요할 수 없다는 점을
살펴봤습니다. 사랑 고백이 정말 필요한지 여부는 차치하고라도,
어떻게 고백하면 좋을지 망설인다는 것은 상대가 자신을
사랑하는 것을 당연히 여기지 않는다는 점에서 상대를 대등하게
보고 있다는 증명이라고 할 수 있습니다.

시간이 흐르면 사랑받는 게 당연하다고 생각하게 될 때도
있습니다. 다툼이 생겨 마음이 떠나도 각별한 위기감을 느끼지
않는 사람도 있습니다. 그런 사람은 상대의 사랑을 의심하지
않아서라기보다는 상대의 마음이 절대 변할 리가 없다고 굳게
믿고 있다는 의미에서 상대를 내려다보고 있는 것입니다.

아들러는 『개인심리학 강의』에서 "사랑과 결혼의 문제는
완전한 평등을 토대 위에서만 만족스럽게 해결할 수 있다"라고
말했습니다. 아들러는 일찍이 1920년대부터 어떤 관계든
평등하고 대등해야만 한다고 주장했습니다.

당연한 이야기가 아니냐고 생각하는 사람이 많을 것입니다.
그러나 실제로 사랑하는 사람들끼리 대등한 관계를 맺고
있는 경우는 그리 많지 않아 보입니다. 말로는 '우리는 대등한
관계'라고 하는 사람도 스스로 깨닫지 못하고 있을 뿐 자기가
위이고 상대가 아래라는 생각을 하는 경우가 많습니다.

이게 가장 커다란 걸림돌입니다. 서로가 대등한 관계가
아니라고 의식한다면 그 관계를 변화시킬 수 있지만, 자신이
상대보다 위에 서려고 한다는 현실을 깨닫지 못하면 관계를
변화시키기가 어렵기 때문입니다. 오히려 억울한 기분만 들 수도
있습니다. 도대체 내가 뭘 잘못했다는 거지, 하면서 말입니다.

지금 누군가와의 관계가 순조롭지 못하다면, 가장 먼저
자신의 관계 맺기가 대등한지부터 점검하고, 관계를 재정립할
필요가 있습니다. 지금부터 사랑의 기술에 대한 이야기를 하려고
하는데, 두 사람이 서로를 대등하게 보고 있지 않다면, 아무리
훌륭한 사랑의 기술이라도 무용지물이 되고 맙니다.

상대의 관심에
관심 갖기

『인생의 의미에 대한 심리학』을 보면 아들러는 이렇게 말하고 있습니다.

"각각의 파트너는 자신보다 상대에게 더 관심을 가져야 한다. 그것이 사랑과 결혼의 성공을 위한 유일한 기초다. 서로가 자신보다 상대에게 더 관심을 갖는다면 두 사람은 대등한 관계가 틀림없다."

관계가 원만하지 못한 사람은 상대에게 관심을 갖지 않고 자기 자신에 대해서만 관심을 갖습니다. 자기중심성에서 탈피하지 못한 사람이라는 의미일 것입니다.

'관심'은 영어로 'interest'라고 하는데 이 'interest'는 라틴어 'inter esse("est"는 "esse"의 3인칭단수형)'이 어원입니다. 이것은 '안에(사이에) 있다'라는 의미입니다. 다시 말해 '관심이 있다'는 것은 어떤 대상과 자기 '사이에(inter)' 관련성이 있다는 것입니다.

이 세상에서 일어나는 일에 도무지 관심이 없는 사람이 있습니다. 예를 들면 정치에 무관심한 사람은 정치가 자기 인생에 영향을 끼친다는 생각을 하지 못합니다. 정치와 자기 '사이에' 관계가 없다고 생각하기 때문에 '관심'을 갖지 않는 것입니다.

대인관계도 마찬가지입니다. 상대에게 무슨 일이 일어나도 그 일이 자기와는 아무 관계가 없다고 생각하면 상대에게 아무 관심도 갖지 않습니다. 두 사람의 관계가 삐거덕거리기 시작해도, 그 상황이 자기와 관계가 있다고는 생각하지 않는 사람도 있습니다. 혹은 삐걱거리는 것을 인지하고도 그냥 내버려두고 다른 곳에서 보상을 얻는 경우도 있습니다.

한편 상대에게 관심을 갖는다고 해도 그 관심이 결과적으로 자신에게 필요하기 때문이라면, 그것은 결국 자기 자신에 대한 관심에 불과합니다. 예를 들면 '이 사람과 친해두면 좋은 일이 있을 것'이라고 생각하고 관심을 갖는 경우, 그것은 상대에게 관심을 갖는 것이 아니고 자기 자신에게 관심이 있을 뿐입니다. 그런 사람은 상대를 수단으로 간주하는 사람입니다. 만약 상대가 자기한테 도움이 되지 않을 것 같다는 판단을 내리면 관계를 끊을 것입니다.

'상대의 관심에 관심을 갖는다'는 표현이 있습니다. 꼭 기억해두길 바랍니다. 관계 속에 있는 사람의 이상적인 모습입니다. 타인에게로 향하는 이러한 관심이 아들러가 말하는 '공동체 감각'입니다.

공동체 감각은 서서히 자라나는 것입니다. 지금까지의 라이프스타일이 자기중심적이었다면 하루아침에 바뀌기는 쉽지 않을 것입니다. 그러니 연애가 삐거덕거릴 수밖에요. 각자의 라이프스타일을 먼저 들여다봐야 하겠습니다.

우선 상대에게 관심을 가져보세요. 더, 더, 더!

(내가 할 수 있는 일이
무엇인지 생각합니다)

자기중심적인 라이프스타일이 몸에 밴 사람은 상대가 뭘
원하는지에 대해서 관심이 없습니다. 이런 사람들은 무감각하며
상대가 자기한테 뭘 해줄지에 관심이 더 많지요. 좀 심하게
말하면 상대가 마치 자신의 기대를 채워주기 위해 산다고 여기는
것 같기도 합니다.

실제로 나는 기대가 채워지지 않으면 상대가 나를 사랑하지
않는다고 단정하는 사람들을 많이 보았습니다.

상대를 사랑한다는 것은 상대에게 관심을 갖고 상대를 위해
무엇을 할 수 있을지를 생각하고 내가 할 수 있는 일을 하는
것입니다. 그때 상대가 자기한테 뭘 해줄지는 문제가 되지

않습니다. '내가 당신에게 이만큼 했으니 당신도 그와 똑같이 해달라'고 요구한다면 그것은 거래일 뿐 사랑이라고 할 수 없습니다.

　　연애에서 기브 앤 테이크를 고집하면 이상한 결과로 끝납니다.

상대의 마음을 확인하고 나면
식어버리는 사람

막 연애를 시작했을 때는 좋아하는 사람을 자나 깨나
생각하지만, 일단 상대도 자기를 사랑하고 있다는 것을 확인하고
나면 상대에 대한 관심이 급속하게 식어버리는 사람들이
있습니다. 단언컨대 이런 사람은 상대를 오로지 정복, 소유하고
싶었을 뿐입니다.

물론 처음에는 부인할 것입니다. 상대를 얕보고 있지도
않다고 변명할 것입니다. 그럴 수 있습니다. 상대에 대한 생각이
머릿속에서 떠나지 않는다고 억울해 할 수도 있으니까요. 실제로
그렇게 착각할 수도 있겠습니다.

하지만 이 모두가 자신의 사랑이 사실은 이기적이라는 사실을

인정하고 싶지 않은 데서 기인한 핑계일 뿐입니다.

관점을 바꾸면 상대에게 부단한 관심을 갖는 것이 사랑을 유지하기 위한 필수 조건이라는 이야기가 됩니다.

확실히 오래 같이 있다 보면 처음에 사귀기 시작했을 때와 똑같은 정도로 관심을 갖게 되지는 않을 수도 있습니다. 그러나 더 깊고 조용한 관심을 지속하는 형태로 얼마든지 사랑을 키워나갈 수 있습니다.

상대에 대한 관심이 일시적이어서는 곤란합니다.

누군가를
이해한다는 것

사람을 사랑한다고 할 때 '공감'이 있어야 합니다. 공감하지 않고 자신의 기준으로만 상대를 보는 사람은 상대를 이해할 수 없습니다. 이 기준은 상식일 경우도 있습니다. '상식적으로 생각하면 상대는 이렇게 생각하고 있을 것이다'라고 상대의 말과 행동을 해석하고 상대를 이해했다고 생각합니다. 그러나 일반적인 기준을 적용해봤자 상대를 이해할 수는 없습니다.

'이해한다'는 말은 프랑스어로 'comprendre'라고 하는데 이것은 '포함한다'라는 의미입니다. 상대를 이해할 때는 상대를 자신의 이해의 틀 안에 포함하는 것입니다.

그러나 실제로 상대는 내 이해로부터 벗어나 있습니다. 그 어떤 사람도 다른 어떤 사람 속에 포개지지는 않습니다. 그러니 친하다고 해서 혹은 사랑하고 있다고 해서 상대를 완전히 이해할 수 있는 것은 아닙니다.

자녀 문제 때문에 상담하러 오는 부모는 대개 "이 아이는 부모인 내가 가장 잘 안다"고 말합니다. 그러나 그런 부모의 발언을 들을 때마다 "정말로 당신이 자식을 이해하고 있다면 그 아이는 문제를 일으키지 않았을 것입니다"라고 따지고 싶습니다.

사귀는 사람으로부터 "당신에 대해 뭐든지 다 알아"라는 말을 들으면 기쁠까요. 기쁘다고 생각하는 사람도 있겠지요. 하지만 '뭐든지'라는 표현을 듣고 "아니, 그럴 리 없어" 하고 대꾸하고 싶어지지 않을까요.

상대를 이해할 수 없는 게 문제가 아닙니다. 제대로 이해하지 못한다는 것을 인정하지 않고, 이해하고 있다고 착각하는 것이 문제입니다. 상대를 제대로 이해하지도 못하면서, 혹은 상대에 대해 모르는 부분도 있을 텐데 그런 사실에는 눈을 돌리려고 하지 않는 것이 문제라는 얘깁니다.

상대를 이해하고 있다는 착각을 버리십시오.

(
서로를 완벽하게
알 수 없습니다
)

상대를 모두 알 수는 없다는 점을 전제로 사귀는 편이 모두 다 알고 있다고 생각하고 사귀는 것보다 안전합니다. 상대를 완벽하게 이해하기란 애당초 불가능하다고 생각하는 데서 우리 시작하도록 합시다.

이것은 상대에 대해 무엇 한 가지 제대로 알지 못한다는 의미가 아닙니다. 그럴 정도로 신중해야 한다는 의미입니다.

상대를 알고 있다고 생각한다면 '이 사람도 나처럼 생각하고 있을 거야', '상식적으로 생각하면 상대는 이렇게 생각하고 있을 거야'라고 혼자만의 생각으로 판단하고 상대를 규정하게 됩니다. 그리고 만약 그러한 자신의 생각이 상대와 달랐을 경우, 상대를 탓하게 됩니다.

누군가에 대해 모든 것을 알기란 불가능합니다. 그것을 전제로 하여 "타인의 눈으로 보고 타인의 귀로 듣고, 타인의 마음으로 느낀다"는 의미에서의 '공감'이 중요하다고 아들러는 말합니다. 그리고 "상대의 입장에 서서 생각한다"라고도 표현하고 있습니다.

오래 사귀어도 상대를 잘 알지 못한다고 느끼는 경우도 있습니다. 자신의 말을 상대가 어떻게 받아들였는지 모르겠다는 경우도 있습니다.

그럴 때는 직접 물어보는 수밖에 없습니다. "무슨 의미로 그런 말을 하는 거야?"라든가 "내가 지금 한 말을 어떻게 생각했어?"라는 식으로 말입니다.

이 이야기를 강의 중에 했더니 귀찮고 성가시다고 말한 학생이 있었습니다. 그렇습니다. 귀찮다고 하면 귀찮은 일입니다. 하지만 상대를 알려는 노력을 게을리 하다 보면 알고 있다고 생각했는데 사실은 몰랐구나, 하는 때가 오게 마련입니다. 알아줄 거라고 생각했던 말이 이해를 받지 못할 수도 있습니다. 이윽고 관계를 위태롭게 만들게 될지도 모릅니다. 그러니 번거롭고 귀찮기는 하겠지만 꼭 확인해야

합니다. 그러려고 최대한 노력해야 합니다. 노력하면 관계는
반드시 좋아집니다.

　상대를 이해하려고 할 때는, 만약 나라면 어떻게 생각하고,
어떻게 행동할지 자신의 기준을 적용해서는 곤란합니다. 물론
실제로는 그렇게 할 수밖에 없지만, 나와 상대는 다르고 그렇기
때문에 완전히 예측이 빗나가게 되는 경우도 있다는 사실을
늘 염두에 두어야 합니다. 즉 상대의 생각과 선택과 행동의
가능성을 열어두어야 한다는 뜻입니다.

(
생각이
다를 때
)

상대의 생각을 이해할 수는 있어도 그것을 받아들일 수 없는 경우도 있습니다. 반대로 상대가 자신의 생각을 이해하지 못하거나, 이해하긴 해도 반대하는 경우도 있습니다.

아들러는 『개인심리학 강의』에서 "만약 남자나 여자 중 누군가가 결혼한 뒤에 상대를 정복하고 싶다는 욕망을 갖는다면 치명적인 결과를 맞이하게 될 것이다"라고 말합니다.

이런 일은 결혼한 뒤에만 있는 것이 아닙니다. 사귀는 중에도 상대에게서 도저히 받아들일 수 없는 어떤 생각 혹은 가치관을 발견할 때도 있습니다. 그럴 때 둘 중 누군가가 혹은 두 사람 모두 감정적으로 싸우는 경우도 있지요. 반대로 아주 냉랭해질 수도 있습니다.

자, 그럼 곰곰이 생각해봅시다. 이렇게 상대를 정복하려는
사람은 어떻게 상대에게 자신의 생각을 받아들이게 할까요?

우선 분노의 감정으로 지배하려는 사람들이 있습니다.

분노를 터뜨려서 상대를 지배하려는 사람은 그렇게 해야
상대로 하여금 자신의 생각을 받아들이게 할 수 있다고
생각합니다. 그러나 그런 목적이라면 분노라는 감정에 호소하지
않고 대화로 부탁해도 될 일입니다. 물론 그 말을 반드시 상대가
받아들일지는 알 수 없습니다. 하지만 분노의 감정을 이용한다고
해서 반드시 상대가 받아들일 거라는 보장 역시 없습니다.
가령 상대가 받아들였다고 해도 기분 좋게 받아들이는 것이
아니라 무서워서, 싸우기 싫어서, 혹은 그 자리를 모면하기 위해
마음에도 없는 동의를 해줄 뿐일 수도 있습니다.

차근차근 말로 자신의 생각을 전하는 게 귀찮겠지만,
그렇다고 당장 그 자리에서 나타날 효과를 바라고 분노의 감정을
이용하면 그 부작용은 크게 마련입니다.

다음으로 슬픔의 감정으로 지배하려는 사람에 대해 생각해
보겠습니다. 아들러는 다음과 같이 말합니다. 『성격의 심리학』을

펼쳐봅시다.

"슬퍼하는 사람이 느끼는 일말의 고양된 감정은 주위 사람의
태도에 의해 주어진다. 슬퍼하는 사람은, 누군가가 봉사하고
동정하고 지지하고, 뭔가를 주거나 이야기를 걸어줌으로써
상황이 종종 편해진다는 것을 알고 있다. 울거나 한탄하는
식의 폭발적인 태도로 주위 사람에 대한 공격을 시작한다.
그들은 고발자, 재판관, 비판자가 되어 주위 사람보다 자기가
높아졌다고 느낀다. 요구, 애원이라는 특징을 분명하게 보인다."

슬퍼하는 사람이 있으면 주위 사람들은 그 사람을 방치해
둘 수 없을 것 같다고 느끼게 됩니다. 종기를 다루듯 마지못해
조심스럽게 대하기를 강요당하기도 하지요. 그렇게 주위 사람이
'봉사'해야 함을 느끼게 한다는 점에서 슬퍼하는 사람은 슬픔에
의해 우월감을 갖게 되는 것입니다.

분노의 감정이 사람과 사람을 떨어뜨려놓는 감정인 데
비해 슬픔의 감정은 주위 사람이 방치해둘 수 없게 만든다는
의미에서는 사람과 사람을 이어주는 감정이라고 할 수 있습니다.
그러나 슬퍼하는 사람은 단지 배려를 받기만 할 뿐이므로, 그
관계는 일방적일 수밖에 없습니다. 공감하는 관계는 받기만 하는

게 아니고 자기도 상대를 배려해야 가능합니다.

이처럼 울거나 불안을 호소함으로써 상대를 지배하고
정복하려는 현상에 대해 아들러는 "눈물이나 불평이 협력을
교란시키는" 것이라고 말합니다.

마음에 들지 않는 일이 일어났을 때 자기 생각대로 상황을
바꾸려고 감정을 이용할 뿐 협력하여 문제를 해결하려 하지 않기
때문입니다.

두 사람 사이에 전혀 문제가 일어나지 않는 관계는 이 세상에
없습니다. 죽고 못 사는 사이도 시간이 지나면 어떤 식으로든
문제가 발생하기 마련이고 때로는 둘 사이가 험악해지는 경우도
있습니다.

중요한 것은 생각의 차이가 생기지 않는 게 아닙니다. 생각이
다를 때 어떻게 대처하는가입니다. 어떻게 대처하면 좋은지를
알면 설사 일시적으로 관계가 험악해져도 관계 회복이 쉽습니다.
지속적으로 관계가 악화되는 일도 없습니다.

생각이 다르다는 사실이 명확해졌을 때는 감정적이 되거나
힘을 사용해서 이견을 짓눌러 이기려고 들면 안 됩니다. 대화를
나누고 때로는 끈질기게 논쟁을 펼칠 수도 있어야 합니다.

생각이 다를 수 있다고 인정하는 만큼, 바로 그 폭만큼 우리는 대화할 수 있습니다. 생각을 맞추려고 하지 말고, 이렇게 다르구나, 알아간다고 생각하면서 대화하는 것이 비결일 수도 있겠습니다.

자녀가 생기고 나서도 부모의 의견이 일치하지 않는 일은 당연히 있습니다. 그럴 때 자녀에게 가르쳐야 할 것은 대화를 통해 생각의 차이를 좁혀나가는 부모의 태도입니다. 힘으로 상대를 짓눌러 자신의 생각을 강요하는 것이 아니라, 진지하고 차분하게 대화를 나눔으로써 해결해나가는 모습을 자녀에게 보여줘야 합니다.

이해보다도
찬성하는 것이
중요합니다

그렇다면 구체적으로 어떻게 대화를 하면 좋을지에 대해
생각해보려고 합니다.

예를 들면 연인이나 배우자가 갑자기 "지금 하는 일을
그만두고 싶다"는 말을 꺼냈다고 칩시다. 이때 간단하게 "그래?
마음대로 해"라고는 말할 수 없을 것이고 가능하면 생각을
바꾸기를 바랄 것입니다. 그러나 그런 상황에서 대화의 방식이
잘못되면 두 사람의 관계에까지 안 좋은 영향을 끼치게 됩니다.

결론적으로 일을 그만둘지 말지는 본인이 결정할 일입니다.
본인 이외의 누구도 결정할 수 없습니다. 그러나 일을 그만두면
그 결과로 가족은 불편을 겪게 됩니다. 사귀고 있는 사이라면

그 일이 두 사람의 미래에 어두운 그림자를 드리우게 될지도
모릅니다.

그러므로 일을 그만두는 것에 대해 자신의 의견을 말할 수는
있지만 무조건 "절대 그만두면 안 돼"라고 말하지 않는 것이
중요합니다. 처음부터 그만두면 안 된다고 말해버리면 대화가
되지도 않고, 상대가 정색하고 나올 게 불 보듯 빤한 일입니다.

대화를 할 때 전제로 알아두어야 하는 것은 상대를 '이해하는'
것과 상대의 생각에 '찬성하는' 것은 완전히 다른 문제라는
사실입니다. 찬성할 수 없을지도 모르지만 우선은 상대의 생각을
이해할 것, 적어도 이해하려는 자세를 보여야만 합니다.

일을 그만두겠다는 중요한 결단을 내리려 할 때 아직은
망설이고 있을지도 모릅니다. 사후승낙이 아니라 의견을 요청할
뿐인지도 모르고 자신의 결단을 말려주기를 바랄 가능성도
있습니다. 그런데 처음부터 결론을 닫아놓은 태도로 임하면
상대의 마음은 굳어버립니다.

그래서 우선 자신이 의견을 말할 수 있는 것과 말할 수 없는
것이 있음을 알아두어야 합니다. 의견을 말할 수 있는 것은 지금
일을 그만두면 어떤 점이 어려워지는지, 어려움을 해결하기
위해서는 무엇을 해야 하는지에 대한 사항뿐입니다. 이 점에
대해 이야기하다 보면 그만두는 것이 현실적이지 않다고

생각하고 퇴직을 재고할지 모릅니다. 이야기를 해보지 않으면
알 수 없습니다. 또한 지금 당장 일을 그만두는 것이 정말 곤란한
건지도 확실치는 않습니다. 상대는 이미 다음 일을 생각하고
있을지도 모르고 상대가 지금 하는 일로 피폐해질 대로 피폐해져
있다면 처음에는 반대했더라도 대화하는 중에 그만두는 게
낫겠다는 결론에 도달하는 경우도 있을지 모릅니다.

두 번째로 상대의 일하는 방식에 대해 언급해서는 안
됩니다. "그만두는 걸 생각하기 전에 좀 더 열심히 일해보는 게
어때"라고 말하고 싶더라도 상대의 일하는 방식을 간섭하고
나서면 설사 그 말이 타당하더라도 아니 오히려 타당하다면
더욱 더 자신이 비난당했다고 생각하고 결심을 굳히게 될지도
모릅니다.

세 번째, 대화를 할 때 결코 상대를 책망하지 않는 것이
중요합니다. 우선 이야기를 듣고 나서 생각을 이해하도록
노력해야 합니다. 앞에서도 언급했듯이 이해하는 것과 찬성하는
것은 다른 문제입니다. 이해는 할 수 있지만 찬성할 수 없는
사안도 당연히 있을 수 있습니다. 중요한 것은 어렵게 이야기를
꺼낸 사람이 상대가 자신의 이야기를 진지하게 듣고 이해하려고
한다고 생각할 수 있어야 합니다. 지금 상대에겐 이야기가
도중에 끊기지 않고 비판받지 않을 거라는 확신이 중요합니다.

처음부터 이해하려고 하지도 않고 제대로 이야기도 듣지 않는 태도를 취하면 설사 상대가 일을 그만둘 생각을 접는다 해도 앞으로 두 사람의 관계는 좋아지지 않을지도 모릅니다.

대화는 한 번이 아니라 몇 번이고 해야 합니다. 사람은 그렇게 쉽게 생각을 뒤집거나 하지 않기 때문입니다. 가령 대화 도중 자신의 생각이 잘못되었음을 알면서도 잘못을 인정하고 싶지 않은 경우도 있습니다.

결론이 나지 않을 수도 있습니다. 그럴 때는 시간을 두면 됩니다. 중요한 것은 두 사람이 문제 해결을 향해 협력할 수 있다는 믿음이자 사실입니다. 그리고 이를 실감해야 합니다. 그 실감이 앞으로의 두 사람의 인생에서 귀한 경험이 될 것입니다.

힘겨루기를
멈추십시오

서로의 의견이 다를 때 "나는 틀린 이야기를 하는 게 아니야"
하고 생각할 때가 있습니다. 그리고 상대의 생각을 비판하고,
자신이 옳다는 것을 상대가 인정하게 하려 할 때가 있습니다.
이것은 힘겨루기입니다. 설사 감정적이지는 않더라도 자신이
옳음을 끝까지 고집하는 것은 힘겨루기, 즉 권력 다툼입니다.

다툼으로 관계가 악화되고 있다면 멈추십시오.
당장 멈추십시오.
상대와의 관계를 회복하는 것이 최우선 과제입니다.
악화된 관계에서는 협력하여 문제를 해결할 수 없습니다. 두

사람에게 문제를 해결하는 것이 최우선은 아닐 것입니다. 누가
옳은지를 증명하는 것 또한 아닐 것입니다. 주장하고 고집부리는
것은 문제 해결로 이어지지 않을 뿐 아니라, 오히려 해결에
방해가 될 뿐입니다.

만약 힘겨루기에서 이겼다고 칩시다.

이겨서 얻게 되는 것이 무엇일까요?

상대는 복수를 시작할 것입니다. 어떻게든, 어떤 방식으로든
그 복수는 드러나기 마련입니다.

이겼다고 해결되는 것이 아닙니다.

힘겨루기를 하는 단계에서 싸움을 멈춰야 합니다.

싸움은
상대에 대한 응석에
불과합니다

싸움을 할 정도면 사이가 좋은 것이라고 말하는 사람도
있지만 그렇지 않습니다. 아들러는 "분노는 사람과 사람을
떼어놓는 감정"이라고 했습니다. 분노의 감정을 이용하지 않고
싸움을 하는 사람은 없습니다. 그러니 싸움을 하면 필연적으로
두 사람의 거리는 멀어집니다.

언젠가 전철 안에서 고등학생 커플이 이런 대화를 하고
있었습니다.

"너는 처음에 사귈 때는 얌전했었어. 그런데 지금 나는 완전히
너한테 눌려 지내잖아."

"내가 이기적이라 그래. 그래도 난 내가 이기적이라는 걸 알고 있어."

알고 있다고 괜찮은 건 아닙니다. 그녀는 자신이 이기적이라는 걸 알면서도 그 성격이 두 사람의 관계를 악화시키고 있다는 것을 깨닫지 못하고 있습니다. 그러니 진지하게 생각하지도 않고 고치려 하지도 않습니다. 아마도 그녀는 남자친구와 친해지면서 말투에서 조심성이 사라지고 무리한 말을 하거나 토라지거나 화를 내기 시작했을 것입니다.

유감스럽게도 남자친구가 그런 태도를 끝까지 받아줄지는 알 수 없습니다. 그도 처음에는 그녀의 이기적인 태도가 귀엽게 보이기도 하고 편해진 관계에 태도를 달리하는 것이 반가웠을지도 모릅니다. 하지만 시간이 지나면서 이기적인 말이나 행동을 상대가 당연하게 생각하고 있다고 여기기 시작하면 애정이 식을지도 모릅니다.

그렇게 되면 싸움도 하게 될 것입니다. 싸울 때 손찌검을 하는 일도 있을지 모릅니다. 손찌검까지는 아니라도 화가 폭발했을 때 상대에게 던지는 말도 폭력입니다.

아무리 싸워도 화해하는 기술을 터득하고 있다면 그 자리에서 만큼은 관계를 회복할 수 있을지 모릅니다. 그러나 그런 일이 언제까지고 계속될 것이라는 보증은 없습니다.

싸운 뒤에 사이가 좋아지거나 싸울 정도로 사이가 좋다는 주장은 응석에 지나지 않습니다. 계속 응석을 부리다 보면 어느 날 정말로 관계가 끝나버릴 수 있다는 것을 명심해야 합니다.

(그와 그녀는
왜 화를 내는 걸까요?)

"걸핏하면 발끈하는 일이 잦아서 상대와의 관계가 순조롭지 않습니다. 어떻게 하면 화내지 않고 대할 수 있을까요?"

이런 상담을 받는 일이 있습니다. 그런 사람에게는 걸핏하면 발끈하는 게 아니고 어떤 목적이 있어서 분노의 감정을 만들어낸 것이라고 설명합니다. 그 목적이 무엇인지 알면 화를 내지 않게 될 것이라고 말입니다.

앞에서도 말했듯 화를 내는 사람은 상대가 뭔가 해주기를 바라면서 화를 내는 것입니다. 결국 상대에게 뭔가를 시키려는 것이 화를 내는 목적이고, 분노를 그 수단으로 이용하고

있는 것입니다. 화를 내면 상대가 자기 말을 들어줄 것이라고
생각하는 것입니다.

그러나 분노의 감정을 이용해 상대로 하여금 자기 말을 듣게
했다고 해도 상대는 결코 흔쾌하게 받아들인 것은 아닙니다.

상대의 언동에 상처를 입고 화가 났다면 "지금 당신이 한 말
때문에 상처를 받았다"고 말하면 됩니다. 그 감정을 전하기 위해
분노의 감정을 넣을 필요는 없습니다.

화는 상대와 나를 멀어지게 하고 관계를 악화시킵니다.

화는 나를 사람들에게서 떼어놓습니다.

(

솔직해지지
않을 때

)

"거짓말을 해서 자주 싸우게 됩니다. 어떻게 하면 솔직해질 수 있습니까?"

이렇게 말하는 사람은 실제로는 솔직해질 수 없다기보다는 솔직해지지 않으려고 결심하고 있는 것입니다. 그렇다면 왜 그런 결심을 하게 된 걸까요? 가만히 들여다보면 자신이 진 것 같은 느낌이 들기 때문입니다.

자기한테 잘못이 있는 게 분명한데도 솔직하게 사과하지 못합니다. 사과하면 자기가 지는 것 같기 때문입니다. 하지만 좀 지면 어떻습니까.

앞에서도 언급했듯이 싸울 정도로 사이가 좋다는 식의 논리는 있을 수 없습니다. 싸우고 있는 그때 사랑은 사라집니다.

관계를 망가뜨리는 것은 순간입니다.

하지만 한 번 싸웠다고 해서 두 번 다시 관계를 회복할 수
없는 건 아닙니다. 상황이 돌이킬 수 없게 되기 전에 솔직하게
사과하면 됩니다.

싸우는 두 사람은 싸움 이외의 방법으로 자기들의 관계를
확인할 방법을 모르는 건지도 모릅니다.

아들이 다섯 살이었던 때, 어느 날 내가 무슨 일로 아내에게
큰소리를 낸 적이 있었습니다. 그때 가까이에 있던 아들이
말했습니다.

"그렇게 화를 내면 엄마가 아빠를 좋아해줄 것 같아? 아빠가
싫어지면 어쩌려고 그래."

싸움은 거기서 끝났습니다.

같이 있을 수 있다는 것만으로도 고마운 일입니다. 평소에
좀처럼 같이 있을 수 없는 사람이라면 더욱 더 같이 있을
때만큼은 싸우지 않아야 하겠지요.

관계가 망가지는 건 순간이고, 망가진 관계를 회복하는 건
한참입니다.

(인간에게
텔레파시는 없습니다!
)

　감정을 이용해 자신의 생각을 강요하려는 사람이 있는 한편 이런 다툼이 두려워서 하고 싶은 말이 있어도 꾹 참고 아무 말도 못하는 사람도 있습니다. 서로의 생각이 분명히 다른데도 어느 한쪽 혹은 쌍방이 생각을 정확하게 표현하지 않으면 표면적으로는 좋은 관계로 지낼 수 있습니다. 그러나 이처럼 겉으로만 좋은 관계는 아주 사소한 일이 계기가 되어 파탄날 수도 있습니다.

　이런 사람들은 협력하여 문제를 해결하는 노력을 게을리하는 사람들입니다. 직무유기라고 할 수 있겠습니다. 자신이 어떻게 느끼고 무슨 생각을 하는지 일일이 말로 하지 않아도 상대가 알아줄 거라고 생각하는 것이지요. 자기는 노력하지 않고, 전달되지 않는다고 상대가 몰라준다고 화를 냅니다.

인간에게 텔레파시 따위는 없습니다. 아무리 사랑해도 텔레파시가 의사소통 수단이 될 수는 없습니다. 자신의 생각을 표현하지 않는 것은 아주 어리석은 일입니다.

말하지 않으면 전달되지 않습니다. 도움을 청하지 않으면 아무도 도와줄 수 없습니다. 자기 스스로 해결할 수 있는 일이면 혼자 해내면 그만입니다만, 자력으로 할 수 없는 일은 부탁해야 합니다.

다른 사람이 불편해할 것을 두려워하여 도움을 청하지 않는 사람도 있습니다. 이런 사람들은 종종 무리를 해가면서 혼자 해결하려고 합니다. 그러다 실패해서 오히려 주위 사람들에게 더 큰 민폐를 끼치게 되는 경우도 있습니다.

연애관계에 있어서도 마찬가지입니다. 서로 사랑하고 있다고 생각하지만 말로 표현하지 않으면 아무것도 전달되지 않습니다. 사귀기 전이라면 특히 자신의 생각을 말로 똑바로 표현해야 합니다. 변화구처럼 에두르는 표현으로 자신의 감정을 표현하려 하지 마십시오. 곧장 날아가는 직구처럼 솔직하게 던지는 수밖에 없습니다.

(자신을 잘 보이려는 노력은
오래가지 않습니다)

이 사람이 참 좋다, 이 사람을 사랑하고 있다고 느껴질 때가
있습니다. 이럴 땐 십중팔구 의사소통이 이루어지고 있는
때입니다. 교감이 이루어지고 있는 때입니다.

커뮤니케이션이 잘된다는 것이 멋지게 대화를 나눌 수 있다는
식의 의미는 아닙니다. 중요한 것은 이 사람 앞에서는 평소
모습으로 처신할 수 있다고 느끼는 것입니다. 다시 말해 내가
타인에게 받아들여지고 있다는 느낌, 그가 나를 온전히 포용하고
있다는 느낌이 중요한 것입니다.

상대에게 자신을 좋게 보여야만 할 때는 커뮤니케이션에
무리가 생깁니다. 자신을 좋게 보이려고 하지 않아도 된다면,

이야기하는 내용이 특별하지 않아도 될 것이고, 딱히 이야기하지 않아도 괜찮습니다. 그리고 실제로 자신을 좋게 보이려는 노력은 오래가지 못합니다.

오늘날 많은 사람들은 끊임없이 타인과 경쟁하고 그 경쟁에 이겨야 한다는 생각으로 살고 있습니다. 그래서 경쟁에 이기기 위해 어떤 의미에서는 자신이 우수하다는 것을 증명하려 하고, 또 어떤 경우에는 남 앞에서 한껏 허세를 부려 자신을 크게 보이려고 합니다. 피곤한 일입니다.

그런데 만약 이 사람 앞에서는 허세를 부리지 않아도 된다고 생각할 수 있다면 어떨까요. 피곤하게 꾸밀 필요가 없다고 느낀다면 얼마나 편할까요. 사람은 그런 마음을 갖게 해주는 사람을 좋아합니다.

(집 밖에서는 친절한데
집에 오면 사나운 사람)

언제나 기분이 안정되어 있는 사람과 함께 있으면 나도
평온해집니다. 전반적으로 기분이 좋은 사람 곁에서는 같이
즐거워집니다. 그런 사람들 앞에서는 굳이 애를 쓰지 않아도
됩니다. 힘이 들지 않으니 피곤하지 않습니다.

반대로 남 앞에서는 기분 좋고 싹싹하게 굴면서도 친한
사람 앞에서는 퉁명스럽게 구는 사람이 있습니다. 그런
사람은 집 밖에서는 친절하지만 집에 돌아가면 태도가 거칠고
사나워집니다.

이것은 응석입니다. 남 앞에서 기분 좋게 있을 수 있다면
친한 사람 앞에서도 그래야 할 것입니다. 분노와 마찬가지로

좋은 기분도 스스로 제어할 수 없는 감정이 아닙니다. 그때그때 상황에 맞게 좋은 기분과 불쾌함을 스스로 결정하는 것입니다.

이렇게 응석을 부리는 사람들은 퉁명스러운 태도를 취하면 주위 사람을 지배할 수 있다고 생각하는 사람들입니다. 자신이 뿌루퉁하게 있으면, 주위 사람이 부스럼을 만지듯 자기를 대할 것이라 여기는 사람들입니다. 기분에 따라 사람을 지배할 수 있다고 생각하는 것입니다.

상대에게 응석을 부려서는 안 됩니다. 업무로 누군가를 만날 때 기분 좋게 처신할 줄 아는 사람이라면 파트너에게도 마찬가지로 처신해야 마땅합니다. 도저히 기분 좋게 처신할 수 없을 때는 업무상으로 또 한 명의 고객과 만나는 것이라고 생각하고 파트너를 대하면 됩니다.

그리고 우리 반대로 이렇게 생각합시다. 파트너가 뿌루퉁해 있을 때는, 그(그녀)는 지금 내 앞이라 긴장할 필요가 없기 때문에 편안하게 자신의 기분을 표현하는 것이라고 말입니다. 그러면 다소 퉁명한 표정에도 관대해질 수 있을 겁니다.

(자기 자신을
개성으로 이해하기)

싸움이 일상이 되는 경우도 있습니다. 관계가 좀처럼
나아지지 않습니다. 꼭 두 사람이 같이 수렁에 빠진 것 같습니다.
여러 이유가 있겠지만 질투 때문인 경우가 태반입니다.

질투하지 않기 위한 방법을 단 한 단어로 설명하자면 바로
'자신감'입니다. 스스로에게 자신감을 가져야 합니다. 자기가
사랑하는 사람이 다른 사람에게 호의를 갖는다고 해도, 또는
다른 사람이 자기가 사랑하는 사람에게 호의를 갖고 있다고 해도
자신감 있는 사람은 동요하지 않습니다.

자신감을 갖는다는 것은 철학자 미키 기요시의 말을
빌리자면 '자기 자신을 개성으로 이해하는 것'입니다. 개성 있는

사람일수록 질투심을 갖지 않는다고 합니다.

　나는 나 자신일 뿐 다른 누구와도 비교할 수 없습니다.

　상대가 다른 누구도 대신할 수 없는 자신의 '개성'을
사랑한다고 생각한다면 질투 같은 건 하지 않아도 됩니다.
자신감을 갖고 대하면 상대가 다른 사람에게 마음을 옮기는 일은
없을 것입니다.

　그럼에도 불구하고 언젠가는 사랑하지 않게 되지 않을까
두려워하는 사람은 상대의 마음이 자신으로부터 조금이라도
떠나는 듯한 낌새를 발견하면 강한 태도로 상대를 몰아세웁니다.
실연의 고통은 연애 상대가 반드시 내가 아니어도 좋았다는
사실을 알게 되었을 때 나타나는 현상이니까요. 그래도 우리는
알아야 합니다. 내가 질투에 사로잡힌 행동을 보이면 보일수록
상대는 더 도망치려 할 것입니다.

　상대가 자신에게서 멀어지길 바라지 않는다면 질투해서는 안
됩니다. 그리고 자신감 있는 사람은 혹시 상대가 떠나버리더라도
'역시 나를 사랑하는 게 아니었구나' 하고 납득할 수 있습니다.
자신감은 스스로의 개성을 발견하는 것, 그리고 그것을
자랑스럽게 인정하는 것이 시작입니다.

눈앞에 있는 사람과
잘 지내세요

자신감이나 질투와는 무관하게 상대의 관심이 자기가 아닌 다른 누군가에게로 향하는 사태가 일어날 수 있습니다. 이럴 때는 앞으로 나는 어떻게 하고 싶은지를 생각하는 수밖에 없습니다.

먼저 입장을 정리할 것을 권합니다. 관계를 지속할지 아니면 헤어질지 결정해야 합니다. 만약 그래도 상대와 함께하고 싶다면 상대가 관심을 옮겨간 그 사람에 대해서는 생각하지 말고 일단 눈앞에 있는 사람과 잘 지내겠다는 결심을 할 필요가 있습니다.

이때 중요한 것은 상대가 당신을 선택해줄지 여부는 당신이 결정할 수 없다는 사실입니다. 삼각형을 떠올려주십시오.

남녀의 연애, 남성이 여성으로부터 떠나려는 경우를 예로 들어 생각해보겠습니다. 이 경우 당신이 관여할 수 있는 것은 당신과 그와의 관계뿐입니다. 만약 상대가 관심을 보이는 여성이 당신이 아는 사람이라면 당신과 그 여성과의 관계에도 영향이 있을 수 있습니다. 그럴 경우에도 상대와 여성과의 관계 사이에는 당신이라는 접점이 없습니다. 유감이지만 당신으로서는 어찌할 수가 없습니다.

아무리 상대의 변심을 원망해봐야, '나만 봐줘' 하고 닦달을 해봐야 소용없습니다. 사랑은 강요할 수 없습니다. 싸움도 소용없지요. 당신이 맞고 그가 틀리다는 것을 증명해도 상대가 떠나버리면 끝일 뿐입니다.

상대를 닦달하는 데 시간을 보내고 있다면, 소중한 시간을 날려버리고 있는 것입니다. 서로 으르렁거리는 그 시간은 둘만의 시간이 아니지요. 싸우는 시간은 모처럼 두 사람이 함께 있는 그 시간에 다른 사람도 있는 것과 같습니다.

실제로는 연적 따위는 있지도 않은데 존재하지도 않는 연적을 상상하고 그 사람에게 적개심을 불태우며 질투하고 있는 경우도 있습니다.

지금 이 순간 함께 있을 수 있다면 현실의 연적 혹은 가상의 연적 따위는 생각하지 말고 눈앞에 있는 사람과의 관계를 개선하기 위해 노력하는 것이 중요합니다. 그래서 그가 당신과 있을 때, 자기를 좋게 보이려고 애쓰지 않아도 되고, 그래서 훨씬 편하다고 느낀다면, 분명 그는 당신을 선택할 것입니다.

상대가 당신을 선택할지 여부는 상대가 결정하는 것입니다. 당신에게는 그 권한이 없습니다. 당신이 할 수 있는 최선은 두 사람이 함께 있는 시간을 소중하게 보내는 것뿐입니다.

사랑은
집중력입니다

( )

연적이 있든 없든 두 사람의 관계를 개선하기 위해서는,
『사랑한다는 것』속의 프롬의 말을 빌리자면, '집중력'이
필요합니다.

"집중한다는 것은 지금 여기에서 온몸으로 현실을 살아가는
것이다."

프롬은 "말할 것도 없이 집중력을 가장 키워야 할 사람은 서로
사랑하는 사람들이다"라고 합니다. 같이 있을 수 있는데 다른
사람이나 다른 일에 관심을 빼앗긴다면 집중하고 있다고 할 수

없습니다.

이 집중력은 혼자 있을 때도 필요합니다.

"집중할 수 있다는 것은 홀로 있을 수 있다는 것이고
혼자 있을 수 있는 것은 사랑할 수 있는 사람이 되기 위한
필수조건이다."

혼자서는 지낼 수 없는 관계, 떨어져 있으면 불안해지는
관계는 의존관계이지 사랑의 관계가 아닙니다. 사랑의 관계는
자립의 관계입니다. 혼자 지낼 수 있는 사람, 혼자 있어도
불안하지 않은 사람. 그런 사람만이 둘이 있는 시간을 즐길 수
있습니다. 혼자 있을 때도 집중할 수 있는 사람이라면 둘이 있을
때도 혼자 있을 때처럼 '지금 여기'에 집중할 수 있기 때문입니다.

(지금 이 순간의
사랑을 위하여)

카페에 들어와서 자리를 잡고 앉자마자 각자 다른 만화를
읽기 시작하는 커플을 보고 놀란 적이 있었습니다. 지금 식으로
말하자면 둘이 각각 스마트폰으로 다른 사람과 문자를 주고받는
것과 같습니다. 무라카미 하루키의 『무라카미 라디오』에 다음과
같은 이야기가 있습니다.

알마 코간이라는 영국 팝가수가 있었다. …… 이 사람은 〈포켓
트랜지스터〉라는 노래를 불러 일본에서도 히트했다. 가사의
내용은 "그가 매일 밤 만나러 와주는 건 내가 갖고 있는 작은
트랜지스터라디오로 인기곡 퍼레이드를 듣기 위해서야"라고

말하는 것이었다. 결국 두 사람은 결혼하여 "나이를 먹어서도
함께 음악을 듣고 있지요" 이렇게 될 것이다.

요즘 젊은 세대는 트랜지스터라디오라고 하면 얼른 알아듣지
못할지도 모르지만 트랜지스터라디오란 어디든 갖고 다닐
수 있는 포켓 사이즈의 라디오를 말합니다. 이 노래에 나오는
그녀는 "그가 나를 만나러 오는 것은 라디오를 듣기 위해서"라고
하는데 그가 그녀를 만나러 오는 건 라디오를 듣기 위해서만이
아니고 둘이서 시간을 공유하기 위해서입니다.

지금 관계가 원만하지 않은 커플이라도 사귀기 시작한
무렵에는 어떤 이야기를 해도 또는 아무 이야기를 하지 않아도
단지 같이 있을 수 있다는 것만으로 기쁨이었을 것입니다.
다시 기쁨을 되찾을 수 있는 방법은 무엇일까요? 어떻게 하면
오래오래 즐겁게 같이 있을 수 있을까요? 그러기 위해 어떤
대화를 나누면 좋을까요?

사실은 아무 이야기나 해도 됩니다. 물론 피하는 게 더
바람직한 화제가 있긴 합니다. 예를 들면 이전에 사귄 사람의
이야기는 특별히 필요치 않으면 화제로 삼지 않는 것이
현명합니다.

지금 두 사람에 관한 이야기를 하는 게 좋습니다. 조금 전

집중력에 대한 이야기와도 연결되지만 중요한 것은 '지금 여기'에 두 사람이 같이 있다는 사실을 소중하게 여겨야 한다는 점입니다. 모처럼 '지금 여기에' 두 사람이 같이 있는데 지금 여기에 없는 과거의 이야기를 하는 건 아무래도 아깝습니다.

관계가 오래 지속되는 것은 목표가 아니고 결과입니다. 지금까지 있었던 여러 가지 일이나 앞으로 생길 일을 생각할 필요도 없을 정도로 '지금 여기'를 둘이서 열심히 살 수 있다면 두 사람의 관계는 앞으로도 오래오래 이어져갈 것입니다.

이제 막 사귀기 시작할 무렵의 두 사람이라면, 과거라고 할 것도 별로 없겠지만, 과거의 일을 자세히 기억하고 있다가 그때 당신은 이렇게 말했지 하는 식으로 굳이 이야기를 꺼내는 것도 피해야 할 태도입니다.

과거에 집착하는 사람은 지금 여기에 집중하지 못합니다. 그런 사람들은 과거를 잊는 순간, 혹은 사소한 기억들을 잊는 순간에만 '지금 여기'에 집중할 수 있습니다.

한순간 한순간의 '지금 여기'에 집중해서 지낼 수 있다면, 그날 만난 순간부터 헤어질 때까지 둘이서 나눈 이야기를, 모두 기억할 수 있을 것입니다. 이유는 아주 명백합니다. 함께 지낸 시간이 '그저 보낸 시간'이 아니고 '체험된 시간'이기 때문입니다.
기쁨을 동반한 것이기 때문입니다. 각자의 시간이 아니고, 둘의
시간이기 때문입니다.

체험된 시간을 만드십시오. 둘의 시간을 느끼십시오. 그것이
'지금 여기'에서 사랑하는 방법입니다. 한번 흘러가면 다시
돌아오지 않는 지금 이 시간이 손가락 사이로 새어나가 스르륵
없어지지 않도록, 사랑하십시오.

원거리 연애를
유지하려면

의외로 원거리 연애로 질문을 받는 일이 많습니다. 이분들의 공통된 고민은 보고 싶을 때 언제든지 만날 수 없다는 것입니다. 그래서 더 아쉽고 더 불안해 합니다.

떨어져서 지내게 된 처음 얼마 동안은 전화를 하거나 문자를 보내거나 하면서 직접 만날 수는 없어도 가까이에서 지내는 것과 다름없는 노력을 합니다. 실제로 만나는 수고도 기꺼이 감수합니다. 하지만 시간이 지나고 일이 바쁘다 보면 처음과는 달리 만나는 간격이 멀어지기 시작합니다.

물론 떨어져 있어도 괜찮다는 안도감에서 가능한 일이기도 하겠지만, 이윽고 어느 한쪽이 혹은 서로가 보고 싶을 때 만날 수 없다는 것을 불만으로 느끼는 시기가 오고 맙니다.

그러면 만났을 때도 반가운 해후를 기뻐하기보다 언제쯤 같이 살 수 있게 되는지에 대한 이야기만 하게 됩니다. 자주 보지 못하는 현실을 탓하게 되는 것이죠. 현실적인 사정이 여의치 않아 둘이 떨어져 지내는 것을 서로가 가장 잘 알면서도 투정을 부립니다. 이렇게 두 사람의 마음은 점점 어긋나기 시작합니다.

관계가 원만하지 않은 이유가 원거리 연애에 있다고 말할 수 있는 것은 어떤 의미에서는 두 사람에게 고마운 일입니다. 왜냐하면 만약에 앞으로 떨어져서 살지 않아도 되는 날이 왔을 땐, 지금의 문제는 눈 녹듯 사라질 것이기 때문입니다.

그러나 지금 두 사람의 관계가 원만하지 않은 건 사실 두 사람이 떨어져 있기 때문만은 아닙니다. 실제로는 '원거리'라는 것을 순조롭지 않은 관계에 대한 핑계로 삼고 있을 뿐입니다. 원거리 연애가 어려운 게 아니고 관계가 삐걱거리는 이유를 원거리 연애 탓으로 돌리고 있을 뿐이라는 것입니다.

원거리든 아니든 만날 수 있을 때는 그 시간을 즐기고, 다음에 또 언제 만날지를 걱정하거나 떨어져서 어떻게 지낼지 불안해 하지 않는 것이 중요합니다. 함께 흡족한 시간을 보내면 그것으로 만족할 수 있습니다. 이른바 '완전연소'의 만남을

가지십시오. 그토록 만족스러운 시간을 보내면 굳이 다음을
약속하지 않아도 됩니다. 결과적으로 '다음'이 따라옵니다.

불완전연소로 끝나면, 두 사람은 어떻게든 부족했던 부분을
채우려고 합니다. 이 불만족이 서로를 불안케 하는 가장 큰
이유입니다. 신뢰하지 못하게 하는 걸림돌입니다. 그러다 결국
다른 만남, 다른 이벤트, 다른 즐거움을 찾아나설 수도 있습니다.

두 사람의 관계를 생각할 때는 공동의 목표를 공유할 필요가
있습니다. 학생시절에는 앞으로의 목표를 생각하지 않아도
아무 문제가 없었을지 모르지만 졸업 후에 한 사람은 지금 살고
있는 곳에 남아 취직을 하겠다고 하고, 또 한 사람은 고향으로
돌아가겠다고 한다면 얼마나 난감한가요. 앞으로 어떻게 할지
함께 고민하고 결정해야 합니다.

두 사람 사이에 일시적으로 마찰이 생길 수도 있습니다.
그렇다고 두려워해서는 곤란합니다. 피하면 피할수록 관계는
아슬아슬해질 뿐입니다. 두 사람이 협력해서 문제를 해결하는
경험이 쌓일수록 사이는 더 친밀해지고 두터워집니다.

(늘
처음 그때와
같은 마음이려면)

연애 기간이 길어지면 말투에도 조심성이 없어지고 때로는
상대에 대한 어리광이 생기기도 합니다. 그러나 사귀는 기간이
오래되었다고 해서 처음과 똑같은 마음일 수 없는 건 아닙니다.

처음 사귀기 시작했을 무렵의 마음을 잊지 않기 위해서는
만남에 절대로 길들여져서는 안 됩니다. 항상 오늘이 처음
그 사람을 만나는 날이라고 생각하고 하루를 시작해봅시다.
그 정도로 지금에 집중해야 하는 것입니다. 전날 상대에게
언짢은 소리를 들었을지도 모릅니다. 그러나 그렇다고 해서
반드시 오늘도 눈앞에 있는 이 사람이 싫은 소리를 하라는 법은
없습니다. 그런 생각으로 처음 만난 사람처럼 하루를 시작하는

것입니다.

　사람은 항상 변합니다. 눈앞에 있는 사람이 어제와 똑같은
사람일 수는 없습니다. 다만 우리가 똑같은 사람이라고 생각하고
보기에 똑같아 보일 뿐입니다. 상대는 어제와 분명 다릅니다.
다만 무감각한 우리가 알아차리지 못할 뿐이지요. 어쩌면 상대도
그 변화를 깨닫지 못하고 있을지도 모릅니다. 그 작은 변화를
알아차리고 축하하고 격려하고 배려하는 것이 사랑입니다.

　만날 때마다 심기일전하여 처음 만나는 사람처럼 대할 때, 두
사람이 함께 보내는 그 시간은 살아 있는 시간이 됩니다. 그래야
오늘은 어제의 반복이 되지 않습니다. 그래야 내일이 오늘보다
즐겁습니다.

　어떻게 그러느냐고 냉소할 수도 있겠습니다. 그런
마음가짐이 가능하긴 하냐고 따질 수도 있습니다. 그럼 사랑을
그만두십시오. 관계를 가꾸어가기 위해서는 이 정도의 노력은
해야 합니다.

　사랑은 흐름입니다. 사랑을 갱신하기 위해선 부단히 노력해야
합니다. 그것이 사랑의 기쁨이고, 기쁨의 사랑입니다.

(그때 그 시절로
돌아가기)

자녀가 태어나면 서로를 '엄마', '아빠'라고 부르기도 합니다.
자녀를 기준으로 상대를 보기 때문입니다. 그래서 저는 상담을
받으러 오는 분들에게 무조건 호칭부터 바꾸라고 권합니다.

서로를 알게 된 처음 무렵의 마음을 되찾기 위해서는 우선
서로를 '엄마' '아빠'라고 부르는 습관을 버리고 아이가 생기기
전의 호칭으로 상대를 부르는 것부터 시작해야 합니다.

다음엔 누군가에게 아이를 맡기거나 해서라도 두 사람만의
시간을 가져볼 것을 권합니다. 그럴 때는 가급적 아이에 대한
화제는 꺼내지 않도록 해야 합니다. 거리를 걷다가 쇼룸을 보며
'저 옷은 우리 아이에게 어울리겠는데'라는 식의 심리적 환기도

하지 않는 것이 중요합니다. 손에서도 마음에서도 아이를 뚝 떼어놓고 둘만의 시간을 갖는 것이 필요합니다. 그렇게 해야 결혼하기 전 혹은 신혼 시절로 돌아갈 수 있습니다. 결혼은 생활이지만 때로는 이벤트를 즐기는 것이 답답했던 결혼생활의 돌파구가 될 때가 있습니다.

내 아버지는 만년에 치매 때문에 방금 했던 말도 까맣게 잊기 시작했습니다. 그런 아버지가 어느 날 이렇게 말했습니다. "잊어버린 건 어쩔 수 없다. 가능한 일이라면 처음부터 다시 시작하고 싶다."

과거에 아버지와 여러 가지 마찰이 있긴 했지만, 시간이 지나서도 내가 그 일을 잊지 못하는 것은 관계를 개선하고 싶지 않았기 때문이라는 생각이 들었습니다. 과거의 불화를 잊는 것이, 새로운 조건을 만드는 것이 관계를 개선하는 요령임을 배울 수 있었습니다.

오래 사귀거나 결혼을 하게 되면 관계는 당연히 변하겠지만, 두 사람 사이에 문제가 생겼을 때는, 그 문제에 집착하는 것을 그만두고 처음부터 다시 시작하겠다는 결심을 해야 합니다. 그러면 관계는 좋아집니다.

(놀랍지
아니한가)

　오래 같이 있다 보면 일일이 말하지 않아도 서로 상대가 무슨 생각을 하는지 알 수 있을 것 같다는 기분이 들 때가 있습니다. 그런 의미에서는 놀라움이 없어지는 것이 반드시 나쁘다고는 생각하지 않습니다. 정말로 아무 말 하지 않아도 자기가 뭘 느끼고 무슨 생각을 하는지 상대에게 완전히 전달된다면 그 관계는 훌륭한 것이라고 할 수 있습니다.

　그러나 실제로 그런 일은 있을 수 없습니다. 바로 그렇기 때문에 내가 몇 번이고 반복하면서, 정확하게 말로 전달하고, 상대의 마음을 멋대로 판단하지 말라고 강조하는 겁니다.

　처음 사귈 무렵엔 같이 있으면 서로에게 놀라는 일이

많습니다. 상대가 내가 모르는 분야를 알기도 하고, 또 내가 미처 하지 못했던 생각을 들려주고, 신선한 시각으로 세상을 대하기 때문이지요. 물론 좋은 사이가 되기를 바랐기 때문에 상대를 알기 위한 노력도 했을 것입니다.

그런데 지금은 놀라움이 없어졌습니다. 상대와 자기가 똑같다는 생각을 하게 되었다는 의미입니다. 여기까지는 뭐 그렇게 큰 문제는 아닙니다. 문제는 상대를 새로 알려고 하는 노력도, 관계를 개선할 노력도 내가 하지 않게 되었다는 것입니다.

알려고 하면 보입니다. 노력하면 찾을 수 있습니다.

노력하세요.

곧 새로움이 보일 것입니다. 놀라게 될 것입니다. 재미있어질 것입니다.

(가면을
벗으세요)

놀라움을 되찾기 위해서는 서로 가면을 벗을 필요가
있습니다. 가면은 라틴어로 '페르소나'라고 합니다. 영어의
'person(사람)'은 이 페르소나가 어원입니다. 사람은 모두 가면을
쓰고 살고 있다는 해석이 가능하겠습니다.

가면을 벗으려면 상당한 용기가 필요합니다. 역할은 우리에게
바라는 바가 명확하지요. 역할에 허덕거리며 사는 사람은 거꾸로
보면 역할이라는 가면에 자기를 숨기고 사는 사람입니다.
사실 가면을 벗고 한 인간으로서 살아가려면 막막하니까요.
스스로 결정해야 할 일들이 더 많아지고, 내 인생에 대한 책임이

고스란히 나라는 사람에게 돌아옵니다.

아버지 간병을 하고 있을 때 도움을 받았던 간호사가 "방문 가정에서 심한 말을 들어도 간호사 가운을 입고 있는 동안은 참을 수 있다"고 말했던 것을 기억합니다.

분명 맞는 말이긴 하지만 간호사는 가운을 벗을 수 있어도 직업으로서가 아니고 가족으로서 병든 가족을 보살펴야 하는 입장이라면 가운(입장)을 벗을 수 없습니다. 업무와 관련하여 쓰는 가면과는 달리 부부나 가족이 상대일 경우에는 상대와의 관계가 아무리 좋지 않아도 근무 시간을 정해놓고 가면을 벗을 수는 없습니다.

그러므로 가족이나 연인을 대할 때는 가면을 벗는, 혹은 원래 가면을 쓰고 있지 않다고 생각하고, 역할로서가 아니라 한 인간으로서 직접 부딪히는 수밖에 없다고 생각합니다.

언젠가 아버지는 내게 "네가 하고 있는 카운슬링을 받고 싶다"고 말한 적이 있습니다. 본래 가족끼리는 이해관계가 있기 때문에 카운슬링을 하기가 어려운 법입니다. 이해관계가 있으면 적절한 조언을 해줘도 조언을 받아들일 수 없는 경우가 있기 때문입니다. 조언을 조언으로만 받아들이지 못하는 것입니다.

그래도 아버지가 제안한 이상 거절할 수도 없어서 아버지와

가끔 만나 이야기를 하게 되었습니다. 그때 아버지와 나는 가면을 벗고 한 인간으로서 이야기할 수 있었습니다. 덕분에 그때까지 좋지 않았던 아버지와의 관계가 가까워졌다고 느낄 수 있었습니다.

부부도 마찬가지입니다. 때로는 아니 자주 부부라는 가면을 벗길 권합니다. 그러면 긴 인생을 살면서 잘 알고 있었다고 생각한 상대의 내면에 다른 면이 보일 것입니다. 처음 서로를 알게 된 무렵처럼 매일이 다시 놀라움으로 가득 찰 것입니다.

(있는 그대로의 당신을
존경합니다)

연애도 결혼도 관계가 좋아야 행복을 느낄 수 있습니다.
좋은 관계를 쌓기 위해서는 구체적으로 어떤 방법이 있을지,
좋은 관계라고 할 수 있는 조건에는 어떤 것이 있는지를
살펴보겠습니다.

우선 존경입니다.

'존경'은 영어로 'respect'라고 하는데 그 어원이 되는 라틴어의
'respecio'에는 '본다'라는 의미가 있습니다.

그래서였을까요. 프롬은 존경이란 "인간의 있는
그대로의 모습을 보고 그 사람이 유일무이한 존재임을 아는
능력이다"라고 말했습니다.

상대를 존중할 만한 이유가 있을 때 존중해주는 것은 존경이 아닙니다. 사람을 사랑할 때 이유는 필요치 않습니다. 누군가를 좋아하는 것은 그만한 이유가 있기 때문이라고 주장하고 싶은 사람도 있겠지만, 상대를 좋아하게 된 이유는 상대와 헤어지는 이유가 되기도 합니다.

상대의 차림새나 용모를 좋아하게 된 이유로 꼽는 사람은 그 용모가 나이를 먹으면 쇠락한다는 것을 각오해야 합니다. 늙으면 아무리 출중한 용모라도 망가질 것이고 병에 걸리거나 용모가 손상되는 경우도 있을 수 있습니다.

나아가 프롬은 존경이란 "사랑하는 사람이, 나를 위해서가 아니라 그 사람 자신을 위해 그 사람 나름대로의 방식으로 성장해가기를 원하는 것"이라고도 말했습니다.

자기밖에 관심이 없는 사람이라면 사랑하는 사람도 자기가 원하는 방식으로 성장하기를 바랄 것입니다. 이것은 상대를 '내가 마음대로 할 수 있는 하나의 대상'으로 보고 있다는 의미입니다. 설사 사랑하는 사람이라도 상대는 자신의 기대를 충족시켜주기 위해 사는 게 아닙니다.

무조건
신뢰하세요

두 사람의 좋은 관계를 위한 또 다른 조건은 '신뢰'입니다.

상대에게 의심할 만한 사실이 있으면 반드시 그 의심을 파헤치고 싶어집니다. 그러나 '당신, 거짓말을 하고 있지'라는 식으로 추궁만 하다가 상대가 떠나가면 모든 걸 잃게 됩니다.

남자가 절대 해서는 안 되는 말이 있다는 이야기를 학생들에게 자주 합니다.

"나를 믿지 못하는 거야?"라는 말입니다.

왜 남자들은 이 궁색한 표현을 자주 할까요? 이 말을 하면 자기를 의심하는 사람보다 우위에 설 수 있기 때문입니다. 상대의 지적이 맞지 않아도 그렇고, 혹은 맞으면 더욱 강경해집니다.

대인관계에서도 믿을 만한 근거가 있을 때만 믿는 게 아니라 무조건 믿는, 혹은 근거가 없을 때일수록 더욱 신뢰할 필요가 있습니다.

매번 시험 전에 공부도 하지 않고 좋은 성적을 얻지 못하는 자녀가 "다음에는 열심히 할게요"라고 합니다. 믿을 수 없습니다. 그러나 그럴 때일수록 믿어야 합니다. "그래, 열심히 하는 거야"라고 말해줘야 합니다.

번번이 다이어트에 실패하는 친구가 "내일부터 다이어트야"라고 하면 그런 말 지겹도록 들었다고 비아냥거리고 싶어집니다. 그러나 그럴 때일수록 믿어야 합니다. "그래, 이번엔 꼭!"이라며 응원해야 합니다.

어떤 때라도 추호의 의심도 없이 믿어주는 누군가가 있다면, 사람은 그 누군가를 절대 배신할 수는 없을 것입니다. 그렇기 때문에 좋은 관계로 지내고 싶은 마음이 있다면 어떤 경우라도 상대를 신뢰하는 수밖에 없습니다.

"당신을 믿었는데" 하며 외면하는 사람, 사실 그 사람은 처음부터 상대를 믿지 않았을 확률이 높습니다.

상대의 능력을
믿으세요

그렇다면 신뢰한다고 할 때 상대의 무엇을 믿어주는 것일까요.

하나는 상대에게는 과제해결 능력이 있다고 믿는 것입니다. 불가능할 거라고 정해놓고 대하지 않는다는 의미입니다.

사귀는 사이라도, 혹은 결혼을 했어도 그 사람밖에 해결하지 못하는 문제가 있습니다. 예를 들면 사귀는 상대, 혹은 배우자가 "일을 그만두고 싶다"라는 말을 꺼냈다면 대개 패닉에 빠지겠지만, 일을 계속할지 그만둘지는 기본적으로는 그 사람 자신이 결정할 일이므로 일을 그만두면 안 된다는 말을 할 수는 없습니다. 물론 일을 그만두는, 혹은 직장을 옮긴다는 것은 두

사람의 생활에 변화가 생기게 마련이니까, 대화를 통해 해결해야
하겠지만, 어떻게 할지는 기본적으로 상대가 결정할 일임을
알아야 합니다. 참견하고 간섭하는 것은 상대를 신뢰하지 못하기
때문입니다.

　신뢰한다는 것은 상대가 곤경에 빠졌을 때, 어떻게든 내가
무엇이든 해줘야 한다고 생각하지 않는 것이기도 합니다. 실제로
아무것도 할 수 없는 경우도 있습니다.

　예를 들면 상대가 병이 들었을 때 투병하는 모습을 지켜보는
것은 괴로운 일입니다. 그러나 그렇다고 그 사람의 투병을 대신
해줄 수는 없습니다. 어떤 인생도 대신 살아줄 수 없습니다.
대신 살아줄 수는 없지만 상대가 자기 앞에 놓인 과제를 마주할
용기를 갖고 있다고 신뢰할 필요가 있습니다. 설사 불치의
병이라도 자신의 운명을 받아들일 수 있다고 신뢰해야 합니다.

숨은 의도
찾기

상대의 말과 행동에는 좋은 의도가 있다고 생각합시다. 악의라고밖에 여겨지지 않는 일을 당했더라도, 그럼에도 그 관계를 개선하고 싶다면 좋은 의도를 찾아내려고 노력해야 합니다.

어떤 대인관계에서도 상대가 자신을 곤경에 빠트리려는 게 아닐까 의심하다 보면 관계가 좋을 수 없습니다. 적인지 내편인지 끊임없이 의심하면 상대가 곧 알아채기 마련이지요.

아들러는 자신을 도우려는 사람이라고 생각하고 자신도 역시 타인에게 뭔가 할 수 있는 일이 있으면 힘이 되어주고 싶다는 생각이 들 때, 이 관계를 '동료(mitmenschen)'라고 했습니다.

'나와 긴밀한 관계를 맺고 있는 사람'이라는 의미입니다. 이런 사이에선 좋은 의도를 찾아내기가 쉽습니다. 반대로 앞서 말한 '적(敵, Gegenmenschen)'은 '대립하고 있는 사람'이라는 의미입니다.

상대가 어떤 언동을 보이더라도, 그 안에 좋은 의도가 있다고 믿을 수 있다면, 그 증거는 얼마든지 찾아낼 수 있습니다.

（

서로
도우세요

）

아들러는 『인생의 의미에 대한 심리학』에서 사랑과 결혼을 다음과 같이 정의합니다.

"사랑과 결혼은 인간의 협력에 있어서 본질적이다. 그 협력은 두 사람의 행복을 위한 협력일 뿐 아니라 인류의 행복을 위한 협력이기도 하다."

여기서 아들러가 '협력'이라는 단어를 사용하고 있는 점에 주목해야 합니다. 협력은 의식적으로 훈련을 해야만 합니다.

말이 쉬워 협력이지 막상 가능한 일과 그렇지 않은 일이

있습니다. 부모와 자식의 관계를 예로 들어봅시다. 자녀의
지식과 경험이 충분히 갖춰지기 전까지 부모가 열심히 자녀를
보살펴주는 것은 협력입니다. 그런데 자녀가 성장해서 대부분의
일을 홀로 할 수 있게 되었음에도 불구하고 간섭을 하고
잔소리를 하는 건 협력이 아닙니다.

　서로 사랑하는 사람의 관계에서도 부모 자식의 관계와
비슷한 일이 일어납니다. 다른 사람이 할 수 있는 일에 도움을
주려고 하는 것은 도움이 아닙니다. 개입에 불과합니다. 그렇게
하는 것은 상대를 위해서라기보다 상대를 자기 마음대로
움직이고 싶기 때문입니다. 자신이 상대보다 우위에 서고 싶기
때문입니다. 상대가 원치 않는데도 개입하는 것은 상대를
신뢰하지 않고 상대의 능력을 무시하는 것에 불과합니다.

　결혼할 때 배우자가 될 여성에게 '지켜준다'거나 '행복하게
해준다'고 말하는 남성이 있는데, 어찌 보면 기특한 결심이지만,
또 어찌 보면 주제 넘는 이야기입니다. 두 사람이 힘을 합쳐
행복해지려고 노력해나가는 것이지 어느 한쪽이 상대를
행복하게 해줄 수는 없습니다. 반대로 행복하게 해달라는 발상
역시 문제입니다. 두 사람이 대등하다고 여기는 사이에서는
불가능한 발상입니다.

독일 어느 지방의
풍습

아들러가 들려준 독일의 어느 지방에서 전해지는
이야기입니다.

약혼한 두 사람이 결혼할 준비가 되었는지를 알아보기 위한
독특한 풍습입니다. 결혼식 전에 두 사람을 공터로 데리고
갑니다. 거기서 신랑 신부에게 손잡이가 달린 2인용 톱이
건네집니다. 그리고 각자 한쪽을 잡고 친척들이 지켜보는 가운데
나무의 그루터기를 베는 것입니다. 톱을 어떻게 당기는가를 보면
두 사람이 얼마나 협력해나갈 것인지를 알 수 있다고 합니다.

만약 두 사람 사이에 신뢰가 없다면 서로 어긋나게 잡아당길
것입니다. 그러면 나무는 절대 벨 수 없습니다. 또한 만약 두 사람

중 한 명이 모든 것을 자기 혼자만 하고 싶다는 생각이라면 두 배 이상의 시간이 걸리게 됩니다. 두 사람이 함께 주도권을 갖고 상대의 움직임에 맞춰 힘을 가감해야 합니다.

대인관계의 문제는 대부분 타인의 영역을 흙발로 마구 밟거나 혹은 나의 영역이 밟히거나 하는 데서 일어납니다. 조심해야 합니다. 상대의 주도권을 인정하고 나의 주도권도 인정받아야 합니다. 타인을 인정하지 않으면 나도 인정받을 수 없다는 당연한 진리를 체득해야 합니다. 협력의 지혜를 실천해야 하는 것입니다.

연애나 결혼생활에서 마주치는 문제는 하나같이 어려운 것들입니다. 특히 결혼을 하게 되면 상대와의 관계뿐 아니라 상대의 부모나 친척과도 교류를 해야 합니다. 또 자녀가 생기면 육아가 얼마나 힘든지 놀라게 됩니다. 모두 협력하지 않으면 풀 수 없고, 협력하지 않으면 그대로 파탄이 날 수도 있는 문제들입니다.

협력이 시작이자 마지막입니다.

같은 곳을
바라본다는 것은

(

)

늘 협력하여 문제를 해결하는 두 사람이라도 앞으로 어떻게
살아갈지에 대한 목표가 일치하지 않으면 지칠 수밖에 없습니다.
문제 해결의 보람을 함께 느낄 수 없기 때문입니다. 어쩌면
똑같은 문제가 반복될 수도 있겠습니다.

목표가 반드시 미래에 대한 것이어야 할 필요는 없습니다.
지금 여기를 살아간다는 것도 목표가 될 수 있고, 목표를 정하지
않겠다는 것도 목표가 될 수 있습니다.

젊은 사람들에게는 수많은 인생의 갈림길이 기다리고
있습니다. 그것이 나타날 때마다 어떤 길로 나아갈 것인가를
결정해야 합니다. 예를 들면 두 사람이 학교를 졸업한 후에는

어디서 일할 것인지, 어디에 살 것인지 등의 문제를 결정해야 합니다.

이 사람과 함께 살고 싶다, 그러나 그러기 위해서는 꿈을 포기해야만 한다, 이럴 경우 내 야심을 버려도 되는 건지, 그에 앞서 과연 버릴 수 있는 건지, 아무리 사랑하는 사람이라도 양보할 수 없는 삶의 방향이라는 것이 있는 건 아닌지, 또한 지금 사귀고 있는 이 사람이 아니라도 내 인생의 파트너로 적합한 사람이 다른 데 있는 건 아닌지, 망설임은 몇 번이고 고개를 쳐듭니다. 인생의 큰 결단을 앞두고 도대체 앞으로 어떻게 될지 불안이 두 사람의 관계에 그림자를 드리우게 됩니다. 그러나 두 사람의 목표가 일치한다면 그 목표를 향해 어떻게 나아갈지는 함께 생각할 수 있습니다.

목표는 한 번 결정하면 반드시 달성해야만 하는 것도 아닙니다. 달성하지 못할 것이란 예감이 명확해질 경우도 있습니다. 두 사람을 둘러싼 상황의 변화와 함께 목표를 확인하고 필요하면 수정하면 될 일입니다.

같은 곳을 바라보고 있으면 됩니다. 늦게 갈 수도 있고 돌아갈 수도 있습니다. 주저앉을 수도 있습니다. 그래도 괜찮습니다. 손잡고 있을 테니까요. 그런 사람들은 마주보고 눈 맞추고 곧 다시 일어섭니다. 그리고 다시 걷습니다. 함께.

섹스란
무엇일까요?

마지막으로 사랑의 방법으로서 섹스의 문제를 고찰해보고자
합니다.

아들러는『인생의 의미에 대한 심리학』에서 "사랑과 결혼은
인간의 협력에 있어서 본질적이다"라고 말하기 바로 전에
다음과 같이 말하고 있습니다.

"사랑과 결혼에 있어서 협력의 성취는 신체적으로 이끌리는
것, 교제, 아이를 낳을 결심을 할 때 표현되는 배우자에 대한 가장
친밀한 헌신이다."

257

사랑과 결혼에서 협력을 이끌어내기 위해서는 배우자에게 친밀하게 헌신하는 것이 중요하다고 주장하는 부분인데, 아들러가 그 헌신의 하나로서 신체적으로 이끌리는 것을 꼽고 있다는 점이 아주 흥미롭습니다.

반복해서 말하지만, 사랑의 관계는 기본적으로 여타 대인관계와 같습니다. 만약 친구와 관계가 원만하지 못한 사람이 있다면 대인관계를 쌓아나가는 그 사람의 방식에 분명 개선할 점이 있는 것입니다. 다른 모든 대인관계에서는 원만한데, 사랑의 관계에서 원만하지 못한다는 것은 생각할 수도 없습니다.

사랑의 관계가 다른 관계와 다른 점이 있다면 바로 신체적 이끌림입니다. 아들러가 신체적으로 이끌린다는 것을 다른 대인관계와 구별되는 점이라고 주장한 것은 "인류의 생명을 유지하는 유일한 방법"으로서 생식을 중시하고 있었기 때문입니다. 하지만 오늘날 남녀 사이에 자녀를 낳기 위해서만 섹스를 하는 경우는 없을 것입니다. 그렇다면 무엇을 위해서일까요? 단적으로 말해 커뮤니케이션을 위해서입니다.

이 친밀한 커뮤니케이션에서는 두 사람의 관계에 대한 양상이 다른 어떤 국면에서보다 더 극명하게 드러납니다.

고독한 사람은 섹스에 있어서도 고독을 벗어날 수는 없을

것입니다. 애당초 두 사람의 관계가 좋지 않다면 섹스가 두
사람의 관계를 심화시킬 수도 없을 것이고, 그렇다고 섹스라는
행위에 의해서만 관계가 좋아질 리도 없거니와, 좋아지기는커녕
오히려 두 사람 관계의 상황이 더 명확해질 것입니다.

두 사람이 평소에 좋은 관계를 쌓지 못한다면 섹스에서도
만족을 얻을 수 없습니다. 섹스는 좁은 의미에서의
성행위가 아닙니다. 예를 들면 한쪽이 직장에서 돌아왔을
때 "다녀왔습니다"라고 말하고 다른 한쪽이 "어서 와"라고
하는 순간부터 이미 섹스는 시작되고 있는 것입니다. 친밀한
커뮤니케이션은 그다음의 행위에 선행하는 것으로서 의미가
있는 게 아니고, 그 자체가 이미 섹스라고 말해도 될 것입니다.

이렇게 되면 결국 자신이 고독하다는 감정에서 벗어나려는
생각에 섹스를 요구하는 사람은 섹스를 커뮤니케이션의
한 방식으로 이해하고 있는 것이 아닙니다. 그런 사람은
커뮤니케이션에 절대적으로 필요한 협력, 존경, 신뢰에 대해서는
전혀 생각하지 않고 오로지 자신의 욕구를 충족시키기 위해
상대를 이용하는 것입니다. 그런 관계는 오래 지속되지 못할
것입니다.

소설가 다자이 오사무의 작품 중에 『만원(滿願)』이라는

단편이 있습니다.

주인공인 '나'는 산책하는 도중에 이웃 병원 대합실에
신문을 읽으러 가는 것을 일과로 하고 있습니다. 그러다 보니
언제부턴가 병원에 오는 사람들의 얼굴을 기억하게 됩니다.
그 가운데 매일 아침 아픈 남편을 위해 약을 받으러 오는 젊은
여자가 있었습니다. 청순한 느낌의 그 여인은 종종 진찰실에서
의사와 웃으며 대화를 나누고 돌아갈 때 일부러 현관까지
배웅 나온 의사로부터 "조금 더 참으셔야겠습니다"라는 말을
듣게 됩니다. 그녀의 남편은 3년 전부터 결핵으로 요양을 하고
있었고 아내의 극진한 간호로 병세가 좋아지고 있었지만 의사는
모진 마음을 먹고 '의미심장한 말'로 질타를 한 것입니다. 봄이
지나고 여름이 왔습니다. 어느 날 그가 문득 신문에서 눈을 떼고
울타리 너머 들길을 보니 하얀 양산 하나가 빙글빙글 돌면서
멀어져갔습니다. 오솔길을 평상복을 입은 청초한 모습의 여인이
휙휙 날듯이 걷고 있었습니다. 하얀 양산을 빙글빙글 돌리면서
말이지요. 그 여성이었습니다. 어떻게 된 걸까 생각하고 있는데
의사 부인이 그에게 이렇게 속삭였습니다.

"오늘 아침에 허락이 떨어졌지 뭐예요."

이것이 『만원』입니다. 남편 쪽도 그녀와 마찬가지로 이날이

오기를 고대하고 있었다면 정말 멋질 것이라고 나는 다자이의 이
단편을 읽고 생각했습니다.

좋은 관계를 쌓을 수 있는 두 사람에게 섹스는 필수가
아니었을 것입니다. 그러나 의사로부터 '허락'이 떨어짐으로써
두 사람은 더 좋은 관계를 쌓을 수 있었을 것입니다. 그것이
섹스입니다.

(

성적인 매력을
느끼지 못하게 되면

)

"아들러 심리학을 공부하면 누구나 결혼할 수 있습니다"라고
말한 대학생이 있었습니다. 누군가와 좋은 관계를 쌓겠다는
결심을 하고 그것을 위한 방법을 공부하면 분명 결혼하겠다는
마음이 들 정도로 좋은 관계를 쌓을 수 있는 건 사실입니다.
그러나 아무하고나 결혼할 수는 없겠지요.

아들러는 상대에게 신체적으로 끌리려면 첫 번째 조건으로
서로 관심이 있어야 한다는 점을 꼽고 있습니다. 반대로
말하자면 상대에게 성적으로 끌리지 않게 되면 그것은 상대에게
관심이 없어졌다는 의미입니다. 아들러는『인생의 의미에 대한
심리학』에서 다음과 같이 말합니다.

"간혹, 관심은 계속 갖고 있지만 신체적으로는 끌리지 않게
되었다고 생각하는 사람이 있다. 이것은 진짜가 아니다. 사람의
입은 때로 거짓말을 한다. 그리고 몸은 항상 진실을 말한다.
서로에 대한 관심을 잃은 것이다."

이것은 발기불능이나 불감증에 대해 설명하는 부분입니다.
아들러는 몸이 떨리거나 얼굴이 빨개지거나 얼굴이 파랗게
질리도록 긴장하거나 심장이 두근거리는 형태로 감정이
몸으로 나타나는 경우가 있다는 점에서 마음과 몸은 하나라고
생각합니다. 심장, 위, 배설기관, 생식기관 등의 신체 기관은
각각의 기관이 가장 편한 언어를 사용하여 사람이 어딘가로
향하려고 하면 그것을 지원하고, 물러서려고 하면 그 퇴각을
지원합니다. 아들러는 이것을 '장기(臟器) 언어'라는 말로
설명합니다. 생식기관을 이용한 언어가 바로 불감증이나
발기불능입니다.

상대에게 더 이상 성적으로 매력을 느끼지 않게 되었기
때문에 그 사람 자체를 좋아하지 않게 되었다는 사람이
있습니다. 그러나 이 경우는 상대에 대한 관심이 사라진 것을
정당화하기 위해 상대에게 성적으로 끌리지 않게 되었다는 점을
이유로 내세우고 있을 뿐입니다.

만약 두 사람 사이에 성적인 트러블이 생겼다면 그 이유는 상대에 대한 관심이 없어지고 두 사람의 관계가 우호적이고 협력적인 대등한 관계가 아니게 되었기 때문입니다. 두 사람이 대등한 관계라면 이러한 난관은 피할 수 있습니다.

가늘고 작은
양초처럼 헤어지세요!

( )

　연애에 대한 글을 쓰면서 이별에 대한 이야기를 써도 되는 건지 망설이게 되는데 평생 한 번밖에 연애를 하지 않은 사람은 많지 않을 것이므로 다음 연애를 위해 이별의 경험을 어떻게 극복할지 생각해보겠습니다.

　똑같은 실패를 하게 된다는 이유도 있지만, 헤어진다는 것이 그 자체로 큰 충격을 주기 때문에 자칫 잘못 헤어지면 두 번 다시 연애 따위는 하지 않겠다고 결심하게 될지도 모르기 때문입니다.

　'taper'라는 영어 단어가 있습니다. 이것은 가늘고 작은 양초를 말하는데 동사로는 '점점 가늘어지다' 혹은 '차츰 줄어들다'라는 의미가 있습니다.

약의 종류에 따라 다르지만, 어떤 약은 더 이상 복용할 필요가 없어도 끊을 수 없는 경우가 있습니다. 갑자기 끊으면 강한 부작용이 나타날 가능성이 있기 때문입니다. 그런 경우 약을 'taper' 해야만 합니다. 약의 복용량을 줄이거나 복약의 횟수를 줄이는 등 조금씩 양을 줄이다가 이윽고 복용을 중단하는 것입니다.

실연을 했을 경우, 혹은 헤어졌을 경우에도 마찬가지로 적절하게 'taper' 해나가야 합니다. 그것이 유일한 지혜입니다.

연인 혹은 부부가 이 사람과는 더 이상 같이 살 수 없을 것 같아 헤어질 생각으로 상담을 하러 오는 경우가 있습니다. 그런 경우에도 나는 한 번은 관계를 개선하려는 노력을 하도록 조언합니다.

당장 헤어지겠다는 결심을 하지 않아도 된다면 한동안 아예 만나지 않는 방법도 좋을지 모릅니다. 가령 싸움을 하고 더 이상 만나지 않겠다고 결심을 해도 문자를 보내거나 전화를 하다 보면 만나고 싶어집니다. 만나면 또 똑같은 일로 옥신각신할 것입니다. 오래 만나지 않아도 의외로 아무렇지 않을 수도 있습니다. 만나지 않고 연락도 취하지 않는 방법이 필요한 경우도 있습니다.

예를 들면 두 달 동안 완전히 연락을 끊고 지내다가 두 달이
지났을 때쯤 그래도 또 보고 싶고, 다시 이야기를 하고 싶다면
관계를 회복할 노력을 해도 될 것입니다.

육아 문제로 카운슬링을 하러 오는 부모에게 "당신은
'나쁜 부모'가 아니고 '서툰 부모'인 겁니다"라고 말해줄 때가
있습니다. 어떻게 하면 부모와 자녀의 관계를 잘 맺을 수 있는지
몰랐을 뿐이므로 지금부터 그 방법을 배우면 될 일입니다.

두 사람의 관계에 대해서도 똑같이 말할 수 있습니다.
이 책에서 살펴본 것과 같은 관계를 쌓는 방식을 배우고
실천하면 관계는 반드시 좋아집니다. 마찬가지로 이 사람하고는
잘 지낼 수 없겠다는 생각에 헤어지게 되더라도 헤어지기 전에
두 사람의 관계 회복을 위해 노력할 가치는 있습니다.

(
최대한
평화로워야 합니다
)

지금부터는 테이퍼링(tapering)의 방법에 대해 설명해
보겠습니다.

중요한 것은 헤어질 때 감정적이 되지 말아야 한다는
것입니다. 왜 이 사람과는 같이 살아갈 수 없는지 그 이유를
명확하게 설명할 수는 없습니다. 사람을 좋아하게 되는 데
이유가 없는 것과 마찬가지로 그 사람을 싫어하게 되는 데도
이유는 없는 것이니까요. 호감으로 느꼈던 그 사람의 성격이
언제부턴가 참기 힘들어지는 것입니다.

왜 그런 일이 생기는지를 가만히 생각해보면, 이 사람과는
헤어지겠다고 결심했기 때문입니다. 헤어질 때는 감정적이

되지 않는 것이 중요하다고 했습니다. 감정적이 되어버리는
것은 헤어지겠다는 결심을 굳히기 위해서입니다. 그 결심을
굳히기 위해 상대를 싫어하거나 원망하고 또 싸우기도 합니다.
그러나 그런 행동은 하지 않아도 됩니다. 헤어질 때는 그냥
헤어지겠다고 하면 됩니다.

　이것은 마치 뭔가 언짢은 소리를 듣고 화가 났을 때 두고
보라는 듯 큰 소리를 내고 문을 꽝 닫거나 하지 말고 "지금 당신
말투에 매우 화가 났다"고 말로 하면 되는 것과 같습니다.

　시간이 조금 지나고 나면 상처가 아물어 저절로 딱지가
떨어질 텐데 굳이 그것을 억지로 잡아떼려고 했다가는 피가 나고
상처는 더 깊어져버립니다. 그러니 일부러 그렇게 할 필요는
없습니다. 평화롭게 헤어져야 합니다.

(

이혼에
대하여

)

언젠가 친근하게 이야기를 나누는 남녀를 발견했습니다.
두 사람을 잘 아는 친구에게 물으니 두 사람은 최근에 이혼한
상태라고 합니다. 이처럼 부부로는 더 이상 같이 살 수 없게
되었지만 친구로 지낼 수는 있습니다.

두 사람은 섣불리 결론으로 치닫지 않고 헤어질 결심을 하기
전에 몇 번이고 대화를 했을 것입니다. 그래도 같은 지붕 아래
살기는 힘들다는 생각이 드는 경우는 분명히 있을 것입니다.
그러나 그렇다고 해서 앞에서도 언급했듯이 분노나 증오의
감정에 의지할 필요는 없습니다. 그런 감정이 헤어질 결심을
굳히기 위해 필요하다고 생각하는 사람이 많겠지만 평화를

유지한 상태로 헤어져야 합니다.

이혼의 경우에 특히 고려해야 하는 것은 자녀 문제입니다. 이혼은 부부의 과제이므로 가령 자녀가 부모의 이혼을 바라지 않는다고 하더라도 자녀의 생각을 우선할 필요는 없습니다.

그래도 부모의 이혼으로 사는 곳이 달라지거나 성이 바뀌는 경우 자녀에게 불편을 주게 되는 것이므로 이혼하기 전에 자녀들과도 충분한 대화를 해야만 합니다.

또한 자식이라는 입장에서 보면 헤어진 뒤에도 아빠, 엄마이므로 자식을 상대로 "너의 아버지는 끔찍한 사람이야"라는 식의 푸념을 늘어놓아서는 안 됩니다.

이혼 후 부모 중 한쪽과 자녀가 둘이서 살게 되었을 경우에는 주의해야 할 점이 있습니다.

부모의 생각이 항상 일치한다고는 할 수 없고 또 항상 일치할 필요도 없습니다. 중요한 것은 그 상황에서 어떻게 협력하고 생각을 조정하고 있는가입니다. 그리고 자녀들도 부모가 그 생각의 차이를 어떻게 조정하고 있는지를 봄으로써 대화로 해결하는 방법을 배웁니다. 그런데 이혼 후에는 그런 장면을 볼 수 없게 될 테니 어떤 문제에 대해 결정해야 할 때는 자녀들과 더 진지하게 대화할 필요가 있습니다.

사람은 왜
사람을
사랑하는가

누군가 좋아하는 사람이 있어도, 좋아하는 사람과 같이 살고 있어도, 단순히 그 사람을 좋아하고 사랑하는 감정만 중시하다 보면 그 관계는 머지않아 난관에 봉착합니다. 그렇기 때문에 지금까지 어디에서 어떻게 시작하면 좋은지, 어떻게 처신하면 좋은지, 견해가 일치하지 않을 때는 어떻게 하면 되는지 등에 대해 구체적으로 살펴봤습니다.

그런 기술적인 이야기만으로 충분하다고 생각한 사람도 있을지 모르지만 사람을 사랑한다는 것이 어떤 것인지에 대해 진지하게 고찰하지 않으면 기술은 사람의 마음을 조종할 위험한 테크닉으로 추락해버립니다.

연애에 '왜'는 없다고 누누이 말했습니다. 그러나 최근에는 사람을 사랑하는 이유가 있다면 그것은 사람이 언젠가는 죽기 때문이라고 생각하게 되었습니다.

"죽음이 절대적인 고독이라면 삶 안에서 시작되는 이 고독은 죽음의 징조다."

『강가에서』 속 모리 아리마사(森有正)의 말입니다.

사람은 언젠가 틀림없이 죽습니다. 그것도 오로지 혼자. 죽음이 절대적인 고독이라는 것은 그런 의미입니다. 이 고독은 사는 동안에 이미 시작되고 있다고 모리는 말합니다.

이 말을 다른 각도에서 생각해봅니다. 살아 있을 때 고독을 느끼지 않으면, 죽음도 절대고독이 아니게 될 가능성이 있다는 것입니다. 그러므로 고독을, 그리고 죽음까지 극복하기 위해 사람을 사랑하는 것입니다.

단 이 고독은 상대적인 것이 아니고 절대적인 것이므로 누군가와 함께 있거나 그 사람과 표면적으로 좋은 관계를 쌓고 있는 것처럼 보인다 해도 이 절대적인 고독에서 피할 수는 없습니다.

그러나 가령 사랑하는 사람과의 관계가 원만하지 않거나

싸움을 하고 헤어지는 경험을 해도 사람과 사람이 본래적으로는
연결되어 있다고 생각하면 죽음이 절대적인 고독은 아니라는
결론에 이를 수도 있겠습니다.

우리는 사랑의 경험을 통해 무엇을 배우는 것일까요. 사람은
혼자서는 살 수가 없고 타자와의 관계 속에서 살고 있다는
엄연한 사실입니다. 이것을 알았을 때 사랑하는 두 사람은 '나'가
아니고 '우리'의 인생을 살기 시작하게 됩니다.

그런 인생을 살기 시작하면 설사 상대가 없어지는 일이
있어도 상대와의 연대감을 느끼고 고독하지 않을 것입니다. 설사
죽음이 두 사람을 갈라놓는 일이 있어도 말입니다.

그러므로 지금 사랑하는 사람이 있다면 앞날을 걱정하며
불안해 하지 말고 매일 좋은 관계를 쌓도록 노력해야
하겠습니다. 그런 노력을 하는 것이 살아가는 기쁨이 되기
때문입니다.

◆

우리의 사랑은
여기에서 출발해야 합니다

출산을 위해 친정에 돌아와 있던 딸이 어느 날 이런 말을 했습니다.

"결혼하고 나서 좋은 일밖에 없어요."

보통은 '결혼하고 나서'라거나 '결혼해도'라는 말 뒤에는 '좋은 일은 없다'는 식의 부정적인 말이 따라올 거라고 생각하기 쉬운데, '좋은 일밖에 없다'는 말을 하다니. 보통의 화법을 뒤집는 딸의 말에서 결혼생활에서의 기쁨이 강하게 전해져 왔습니다.

연애나 결혼은 직장과 교우관계와는 비교가 되지 않을 만큼 가까운 관계이기 때문에 한 번 틀어지면 회복이 어렵습니다.

사소한 일이 계기가 되어 싸우더라도 같은 공간에 있는 것조차 괴로워지기도 합니다.

그럴 때 상대는 '대립하고 있는 사람'이라는 의미에서 '적'이 되어버립니다. 적이라고 생각하면 관계를 개선하려는 노력을 하지 않게 되므로 결국 관계는 점점 악화됩니다.

그렇기 때문에 연애나 결혼이라는 사랑의 과제를 앞에 놓고 망설이는 사람, 아들러의 말을 인용하자면 "제자리걸음을 하고 싶은 사람"이 있는 것도 이상하지 않습니다. "시간을 멈추고 싶은" 심정이겠지요. 물론 시간은 머물지 않습니다.

반대로 상대를 '관계를 맺고 있는 사람'이라는 의미에서 '동료'라고 생각하고 있다 해도 그것만으로는 관계를 맺고 있다고는 할 수 없습니다. 만남이 있으면 그것만으로 모든 일이 저절로 다 되는 것도 아니고, 서로에 대해 호감을 확인한 것만으로도 충분하지 않기 때문입니다. 두 사람의 관계는 나날이 계속 변화합니다. 관계를 더욱 돈독하게 하는 노력이 필요한 것입니다.

이 책에서는 관계를 개선하기 위해서 어떻게 하면 되는지에 대해 구체적으로 살펴보았습니다. 그렇다고 시종일관 기술에 대한 이야기만 한 것은 아닙니다. 앞서 말했듯 기술은 사람의 마음을 조종하는 위험한 테크닉이 될지도 모르기 때문입니다.

이 책이 '사랑받는 기술'이 아니고 '사랑하는 기술'을 문제로
삼고 있는 것은 그 때문입니다. 사랑받고 싶은 사람은 자신을
바꿔서 상대로 하여금 자신을 사랑하게 만들려고 합니다.
자신뿐만 아니고 상대까지 바꾸려는 것입니다. 그러나 상대를
바꿀 수는 없습니다. 바꿀 수 있는 것은 자기 자신뿐입니다.
우리의 사랑은 여기에서 출발해야 합니다.

여기까지 읽은 당신이 '그를 만나고 나서 즐거운 일밖에
없다'고 느끼게 되었으면 좋겠습니다. '결혼하고 나서 좋은
일밖에 없다'는 말에 공감할 수 있었으면 좋겠습니다.

에
필
로
그

당 신 의   사 랑 은

기시미 이치로의 사랑과 망설임의 철학

지 금 　 행 복 한 가 요 ?

옮긴이
오근영

1958년 서울에서 태어났다. 일본어 전문 번역가이며 국내에 알려지지 않은 일본 작가들의 작품을 많이 소개했다.『하룻밤에 읽는 신약성서』와『하룻밤에 읽는 숨겨진 세계사』,『하룻밤에 읽는 중국사』,『하룻밤에 읽는 과학사』등 하룻밤 시리즈를 다수 번역했다. 그 밖에 옮긴 책으로는『종이의 신 이야기』,『내가 공부하는 이유』,『일의 기본 생활의 기본 100』,『이상한 나라의 토토』,『르네상스의 미인들』,『슈산 보이』,『반걸음만 앞서 가라』, 『빈곤의 광경』,『스스로 공부하는 아이로 키워라』,『명탐견 마사의 사건 일지』,『어머니』,『생명의 릴레이』등이 있다.

당신의 사랑은 지금 행복한가요?

초판 1쇄 발행 | 2019년 1월 25일
초판 2쇄 발행 | 2019년 2월 1일

지은이 | 기시미 이치로
옮긴이 | 오근영
발행인 | 노승권

주소 | 경기도 파주시 회동길 354
전화 | 031-870-1053(마케팅), 031-870-1061(편집)
팩스 | 031-870-1098

발행처 | (사)한국물가정보
등록 | 1980년 3월 29일
이메일 | booksonwed@gmail.com
홈페이지 | www.daybybook.com

● 책읽는수요일, 비즈니스맵, 생각연구소, 지식갤러리, 스타일북스, 라이프맵, B361은
  KPI출판그룹의 단행본 브랜드입니다.